JN099006

会社は何のために
存在するのか

PURPOSE《パーパス》

あなたはなぜ
そこで働くのか

DIAMONDハーバード・ビジネス・レビュー編集部＝編訳

ダイヤモンド社

Harvard Business Review:
PURPOSE

This compilation includes the following articles;

Creating a Purpose-Driven Organization, HBR, July-August 2018.

Organizational Grit, HBR, September-October 2018.

Your Corporate Purpose Will Ring Hollow If the Company's Actions Don't Back It Up, HBR.org, August 29, 2018.

How Laws and Culture Hold Back Socially Minded Companies, HBR.org, May 18, 2017.

The Type of Purpose That Makes Companies More Profitable, HBR.org, October 21, 2016.

Put Purpose at the Core of Your Strategy, HBR, September-October 2019.

Why Are We Here?, HBR, November-December 2019.

Copyright © 2016, 2017, 2018, 2019
by Harvard Business School Publishing Corporation
All rights reserved.
except for Chapter 1, 2, 5.

Japanese Translation rights arranged with Harvard Business Review Press, Brighton, Massachusetts

Management Is About Envisioning The Company's Purpose and Realizing It Through Creating Shared Value: An Interview with Kohzoh Takaoka
Copyright © 2019 by Diamond, Inc.

How to Design Your Organization's Raison D'être by Kunitake Saso
Copyright © 2019 by Kunitake Saso

We Have Pursued Our Purpose for 300 Years and Will Continue to Do So: An Interview with Masashichi Nakagawa
Copyright © 2019 by Diamond, Inc.

はじめに

米国の名門経営大学院ハーバード・ビジネス・スクールの教育理念に基づき、1922年、マネジメント誌*Harvard Business Review*（HBR）が発刊されました。その日本版として1976年に創刊されたのが、『DIAMONDハーバード・ビジネス・レビュー』（DHBR）です。以来、コア・コンピタンス、イノベーションのジレンマ、ブルー・オーシャン戦略など最先端の経営理論や、IoT、人工知能（AI）などの技術革新に基づく世界の最新経営動向をいち早く特集を組んで紹介してきました。

そして2019年3月号では、これからの経営に欠かせないテーマとして「PURPOSEパーパス」を取り上げ、またたく間に完売となりました。本書は当時の特集に時宜に沿った修正を施し、さらにパーパスに関連する論文を特典として2本追加し、書籍化したものです。

パーパスを組織の中核に据える先進的企業がネスレです。創業150周年を契機に「生活の質を高め、さらに健康な未来づくりに貢献します」というパーパスを掲げ、社内外で積極的に発信し始めました。そこで、第1章「経営者の仕事はパーパスを提唱し、実現すること」では、特集当時、ネスレ日本社長を務めていた高岡浩三氏に、ネスレがなぜパーパスに着目したのか、それは経営にいかなる影響を与えているのかをインタビューしました。

第2章「組織の『存在意義』をデザインする」では、BIOTOPE代表の佐宗邦威氏がパーパスを経営理論の面から分析し、今後、競争戦略上欠かせないものになっていくと説きます。本稿では、組織のあるべき姿を語る際のキーワードである「ミッション」「ビジョン」「バリュー」の違い、そして「パーパス」の定義とその役割を明確にしたうえで、「生きた存在意義」を設計し浸透させる、パーパス・ブランディングの方法論を紹介します。

パーパスは単なる理想に留まらない、財務の健全性や競争力に影響を与えるものであることを示したのが、第3章「パーパス・ドリブンの組織をつくる8つのステップ」です。仕事の意味を見出した従業員は、見返りを求めずに努力し、より多くの仕事をより高度にこなすようになり、留まることなく成長していく――このパワーをうまく活用すれば、組織全体を変革することができると説きます。

第4章「組織の『やり抜く力』を高める」では、大ベストセラー『やり抜く力 GRIT』の著者が、病院経営者とともに、実在する病院の事例をもとに、メンバーによるパーパスの共有が組織の「やり抜く力」を高めることを示します。

パーパスドリブンの経営を実践する日本企業はまだ少ないものの、徐々に増えています。その先行事例として、第5章「私たちは『こうありたい』を追求し続ける」では1716（享保元）年創業の中川政七商店にインタビューしました。現在は、工芸をベースに生活雑貨や衣料品などの企画・製造・卸・販売を手掛けており、中川政七会長が「日本の工芸を元気にする！」という「旗印」を掲げたことをきっかけに、パーパスを重視した新しい経営スタイルを打ち出しています。

続く第6章「パーパスの実践に当たってはまずわが身を振り返れ」、第7章「法と文化の両面から改革せよ」、第8章「パーパスは収益を左右するのか」の3本の小論では、パーパスを多面的に論じています。パーパス推進の前提と、そのための法と文化の改革、さらには収益との関連についての調査を紹介していきます。

第9章「パーパスを戦略に実装する方法」では、過去5年間にわたり年30％以上の成長を続ける米国・欧州・インドの28社の調査結果を受けて、パーパスは戦略においてどのような役割を担うのか、設定の際のアプローチ、実行方法、ソフト面への影響まで、具体的なアドバイスを提示します。

第10章「パーパスを実践する組織」では、イケア、レゴ、アップルなどの事例から、パーパスを実践する組織をいかにつくり上げるかを論じます。戦略を明確化し、従業員の意欲をかき立てるという、パーパスの2つの目的を果たすためには、まず「そのパーパスが自社ならではの価値を物語っているか」という本質的な問いに向き合い、そのうえで、従業員のパーパス実践を支援する体制、制度、リソースを整えることが必要となります。

＊　＊　＊

デジタルエコノミー時代の価値創造においては、社内のみならず、社外のリソースをいかに活用するかが一つのカギを握ると言われます。そこでは報酬などの経済的理由だけでなく、ともに働くにふさわしい相手であるか、意義ある協働ができるかが問われます。採用についても同様です。

ミレニアル世代や卓越した才能を惹き付けるためにも、優れた協働相手と組んでいくためにも、パーパスを掲げ、社内外に積極的に発信すべき時が来たといえましょう。本書がパーパス理解の一助となれば幸いです。

DIAMONDハーバード・ビジネス・レビュー編集部

ハーバード・ビジネス・レビュー
『PURPOSE　パーパス』

目次

第1章

【インタビュー】
経営者の仕事はパーパスを提唱し、実現すること

前 ネスレ日本 代表取締役社長兼CEO
高岡浩三

初出：『DIAMONDハーバード・ビジネス・レビュー』2019年3月号

高岡浩三
（Kohzoh Takaoka）
1983年、神戸大学経営学部卒業。同年、ネスレ日本入社（営業本部東京支店）。各種ブランドマネジャー等を経て、ネスレコンフェクショナリーマーケティング本部長として「キットカット」受験生応援キャンペーンを成功させる。2005年、ネスレコンフェクショナリー代表取締役社長に就任。2010年、ネスレ日本代表取締役副社長飲料事業本部長として、新しい「ネスカフェ」のビジネスモデルを構築。同年11月、ネスレ日本代表取締役社長兼CEOに就任。2020年3月に退任し、同年4月よりケイアンドカンパニー代表取締役を務める。著書に『ゲームのルールを変えろ』（ダイヤモンド社、2013年）、『マーケティングのすゝめ』（フィリップ・コトラーとの共著、中央公論新社、2016年）などがある。

パーパスを定義することは、CSVの実現に不可欠だった

編集部：高岡さんは、「パーパス」という概念がまだそれほど注目されていない時期から、企業がパーパスを考える重要性に言及されていました。そこに着目されたきっかけを教えてください。

高岡：ネスレは、創業150周年に当たる2016年に「生活の質を高め、さらに健康な未来づくりに貢献します」というパーパスを定義しました。ネスレという企業が何のために存在しているのかを、明確化したのです。

私たちはその数年前から、パーパスに関する議論を始めていました。ネスレでは10年前より、事業活動における原則としてCSV（共通価値の創造）を掲げています。株主や従業員などすべてのステークホルダーとともに社会全体のために価値を創造することが、長期的な成功につながると考えたからです。

ただ、社内的にはCSV自体が唐突に提示された印象を持つ人もいたので、その目的や意義

を理解してもらう必要がありました。すでにビジョンを掲げていましたが、それは誰もが自分の問題として理解できる表現とはいえませんでした。耳触りはよくても、その中身をきちんと理解できている人は少なかったと感じています。

CSVやビジョンを達成するうえで、ネスレという会社が何のために存在しているのかを、まず理解してもらうべきである。そこから、ネスレのパーパスが生まれました。

――ネスレ日本も共通のパーパスの実現を目指すのでしょうか。あるいは、国や地域ごとにアレンジを加えるものですか。

パーパスは事業目標などとは異なる、より根源的な概念です。ネスレとして実施するすべての事業に当てはまるものですから、個々の解釈で変わることはありません。

――ミッションやビジョンもそうですが、メッセージを打ち出しても、それが組織に浸透していない状況はよく見られます。

ネスレでは昔から企業理念の浸透が徹底されており、そこから逸脱した活動を避けてきました。妥協すれば儲かるとしても、です。

実際、もし実現すれば事業規模を大きく拡大できるような話が浮上した時、最終的にはやらないという判断を下したことがありました。相手の事業内容と、ネスレの基本原則である「栄養・健康・ウェルネス」とが一致しなかったことが理由です。パーパスという言葉がなかった時期から、事業に対する基本的な考え方は共有できていたと思います。

パーパスを定義したことで、あらゆる判断基準がより明確になりました。それは株主や取引先にとってもプラスになっていると思います。彼らがネスレを評価する時、我々の行動がパーパスに合っているのかどうかが尺度になったり、それに賛同してくださる人たちが支えてくれたりするからです。

――日本の現場ではいかがでしょうか。どのような成果をもたらしましたか。

これは議論が始まった時から考えていたことですが、パーパスは企業と従業員が締結する労働契約の原点です。そのため、採用の際の重要な基準として活用しています。「生活の質を高め、さらに健康な未来づくりに貢献します」という、ネスレのパーパスに賛同できるかを判断するのです。その基本的な価値観を共有できない人に入社してもらっても、ネスレでの活躍は期待できません。

なかでも新卒採用の場合、その時点で能力を正確に測ることなど不可能です。にもかかわらず、いまだに多くの日本企業が横並びで年に一度の一括採用に頼っていることは不思議です。大学を卒業したばかりの段階で、その人が長期的に貢献してくれる人材かどうかの見極めなどできるのでしょうか。誰にもできませんよね。

ただし、仕事に対する基本的な価値観が合致しているかの判別はできます。そこからずれている人に入社されると、採用する側も働く側も幸せになれません。


——いま働いている従業員に対して、なぜネスレで働くのかを問うこともありますか。


それはパーパスを定義する以前から取り組んでいますが、パーパスを定義したことで、よりやりやすくなりました。

たとえば、ここ数年で中途社員として入社した人や契約社員から正社員になった人が増えたこともあり、「CEOランチ」という昼食会を開いて社員数人と一緒にランチを取るようにしています。その対象のほとんどは管理職ではなく一般社員ですが、ランチで初めて顔を合わせた人には、ネスレが何を目指しているのかを伝えたり、ネスレを選んだ理由やネスレでやりたいことを尋ねたりしています。

実際には、そこで明確な答えが返ってこないこともあります。現時点では、当社の従業員の中にも確たる志を持てないまま働いている人がいるのも事実です。ただ、それは単に考える機会がなかっただけという可能性もあります。会社のパーパスを共有することで、従業員が自分自身の志を問うきっかけを与えられます。そして自分の志をこの会社でかなえられると気づけた時、それまで目立った活躍をできていなかった人が、思わぬ力を発揮する人材へと生まれ変わることがあります。

一方で、これも考えてほしいことなのですが、会社のパーパスやビジョンと自分が成し遂げたいことが違うのであれば、辞めるという選択肢も視野に入れるべきでしょう。私がいまもネスレにいるのは、そのミスマッチがなかったからです。ミスマッチの状態で働き続けるのは双方にとって不幸だと思います。

よりよい報酬を求めるのは自然な感情ですが、働くということの原点に立ち戻れば、企業と従業員を結び付けているのは賃金だけではないはずです。より大事なのは精神的なつながりであり、それを構築するには、会社が進むべき未来の方向性と、従業員が成し遂げたいことが合致しなければなりません。会社を舞台として自己実現を図れるのか。それを自問することが重要だと思います。

ミレニアル世代は志とパーパスの合致をより重視する

――高岡さん自身は、過去に上司や先輩から、そのような問いかけをされた経験はあったのでしょうか。

私の場合はむしろ、自分から会社に問いかけていました。私はネスレという企業を尊敬していますが、ネスレに雇ってもらっているのではなく、ここでの仕事に自分の人生を賭けるべきなのかと、ネスレを試しているという気持ちを持ち続けています。就職活動の時点から、そうした発想で臨んでいました。

そのように考えていたのは、個人的な事情も影響を与えていると思います。私は祖父も父も四二歳という若さで亡くしたことで、自分もそうなる運命にあると真剣に思っていました。それならば自分が生きた証を早く残せる会社で働きたいと、外資を選びました。

また学生時代にブランドマーケティングに興味を持ち、ブランドで人を幸せにしたいという志の下でネスレを選んだのです。ネスレはいろいろなブランドを持っていたので、自分の志を達成できそうだと感じました。
ネスレ日本の社長となって若い人たちと話す機会がある時も、自分なりの志を持つ大切さを伝え続けています。会社に選んでもらうのではなく、自分の志と合致する会社を選ぶべきだという考え方は、いまも変わりません。

――とはいえ、自分の志を形にしたいと思っても、その機会が与えられなければ難しいと思います。

ネスレ日本では、そのために「イノベーションアワード」をつくりました。これは単なるアイデアコンテストではありません。年に一度、全社員からイノベーションのアイデアと、それを実行して検証した結果を募集し、優れたアイデアをビジネス化する取り組みです。つまり、自分がやりたいと思ったことに挑戦する機会です。
ネスレ日本でイノベーティブな事業を起こすためには、顧客の問題を発見し、その解決はネスレがやるべきことなのかを考える必要があります。イノベーションアワードは２０１１年から始めた取り組みなので、当時はパーパスという言葉を使っていませんでしたが、ネスレは何のために存在するのかを意識する機会にもなっていると思います。

――ネスレは福利厚生が手厚いことで有名です。自分の志とパーパスが合致していなくても、そこに所属できているだけで満足することはないのでしょうか。

あるかもしれませんが、そういう考えを持つことは非常に危険だと思います。一昔前の日本的経営のように、会社イコール家族のようになって甘えが生じたり、退職金や年金ほしさに会社にしがみ付いたりすることは、会社にとっても従業員にとっても、やはり幸せなことではありません。

――これまでもやりがいや意義を前面に訴える会社はあったと思いますが、会社の要求に待遇が見合わないケースも少なくありません。

労働に対して相応の対価を支払うのは、企業として当然のことです。給料こそが自分の評価だと考える米国と同じ土俵では語れませんが、いくら仕事に求めるものが給料だけではないとはいえ、そこが実態と乖離しすぎているのは問題外でしょう。そもそも、それでは人が集まりません。

私は、いまの日本企業の待遇が十分であるとは思っていません。私が社会人になったのは30

年ほど前ですが、その時の上場企業の社長の平均報酬はせいぜい3000万円程度といわれていましたが、いまは1億円以上の報酬をもらう人も増えています。一方でバブル崩壊以降、大卒者の生涯賃金はほとんど上がっていません。役員報酬を上げるだけでなく従業員の給料も上げられなければ、経営者として失格です。

デフレによって感覚がマヒしていますが、日本の年収レベルは先進国の中で高いとはいえない。日本人が貧しくなった責任のかなりの部分は、過去の経営者にあります。デフレだから賃金も昔の水準のままでいいはずがありません。

その影響を直接受けているのがミレニアル世代です。彼らが自分の将来に経済的な不安を抱き、現在の待遇を不満に思うのは当然だと思います。

一方で、ミレニアル世代のような若い人たちほど、自分の志と会社の存在意義が合致することを大切にしているとも感じます。私たちの世代も「新人類」と呼ばれたように、時代によって人が仕事に求めるものは違って当たり前です。

幸せの定義も異なるでしょう。いまは昔のようにモーレツに働けば明るい老後が待っているわけではありません。彼らはより長い目で自分の人生を考えているので、ワークライフバランスを重視することも、仕事を通して何を実現したいかを大切にすることも、時代の必然だと思います。

――仕事に求めるものが変わり、職業選択の自由が拡大し、労働市場での人材流動性も高まってきたわけですね。これにより、一流の人材を惹き付けることがより困難になっているといえませんか。

先ほども申し上げたように、私には一流の人材という定義がよくわかりません。その人が力を発揮できる人間かどうかは、入社の時点では誰にもわからないのです。

能力を正確に測ることができるという考え方を持つと、単に偏差値が高い大学の学生を上から採用するような発想につながります。現場が最も困るのは、仕事では何の成果も上げられていないのに、学生時代の偏差値だけを心の支えにしている人たちです。そうではなく価値観が合致しているかどうか、採用ではそこを真剣に見極めるべきです。

また採用時だけでなく、彼らが入社後も同じ価値観を持って仕事をできているかを判断し続けることも、大切だと思います。

海外では、誰に採用された人材なのかが常について回ります。採用した側にとって、自分が採った人間が活躍してくれれば大きな誉れです。採用された側には採ってくれた人への恩義があるので、その人の期待を裏切らないようにコミットします。

日本はどうですか。自分が採用した人間がその後もミスマッチなく働き、成果を上げられているかを検証し、それが評価に反映される仕組みはあるのでしょうか。偏差値の高い学校からたくさん採れたことくらいが評価されているように思えますが、私はそんなことをいっさい評価しません。

事業活動の根底にパーパスがある

――パーパスは採用だけでなく、商品開発や新規事業を立ち上げる際など、その他の事業活動でも重要な基準となりそうです。

ネスレ日本では、すでにそのようになっています。たとえば、2017年から始めた「ネスカフェ　コネクト」が挙げられます。

「ネスカフェ　コネクト」は、ネスレの「バリスタ i［アイ］」と専用タブレットを自宅にセットすることで、タブレットの画面に話しかけるだけでコーヒーを淹れることができたり、離れて暮らす家族とLINEによるメッセージの送受信ができたりします。

スマートフォンを扱えなかった高齢者は、子どもや孫がLINEでメッセージを送ってくれても応えることができませんでしたが、これがあればスマートフォンも複雑な操作も必要ありません。

このサービスは一見、ネスレの事業とは無関係な社会貢献のように見えますが、ネスレのコーヒーマシンを通じて高齢者の孤立や孤独という問題を解決することは、ネスカフェのビジネスの拡大にもつながります。CSVの実現であり、その根底にある「生活の質を高める」というパーパスにも合致します。

また、2018年1月から始めた「シニアスペシャリスト採用」は、まさにパーパスと合致する取り組みです。60歳以上の人材を対象に学歴は関係なく、幅広い職種の経験者を採用しています。

「生活の質を高める」というパーパスは、必ずしもネスレの商品を通して実現することではありません。安定的な賃金をもらえることにより生活が豊かになるだけでなく、労働を通じて社会に貢献したいと考える人たちはたくさんいますし、仕事を続けられる環境を整えることで心身の健康にも貢献できます。高齢者の健康問題という、日本社会が抱える重大な課題の解決につながると考えました。

これも単なるCSR（企業の社会的責任）ではありません。これまでは大卒者を正社員採用するのが常識でしたが、全員が役員やマネジャーになるわけではない。経営判断を下せる経営者人材を選抜して長期的に育てる一方、それ以外の業務はより適性の高い専門職にチャンスを与え、成果を上げれば高い賃金を得られる制度をつくるほうが効率的です。

ネスレ日本では実際、役員まで昇進する可能性があるキャリアとは別に、転勤もせず専門職として働きたい人のためのキャリアと賃金体系をつくりました。シニアスペシャリスト採用も、その取り組みの一環です。彼らは経験豊富で仕事に対するモチベーションもとても高いので、成果を上げてくれています。

——社会問題の解決に取り組みながら、あくまでCSRではなくCSVの実現を追求するのは特徴的です。

突き詰めると、ネスレはCSVを戦略としたことでCSRを否定したといえます。私たちは慈善団体ではなく、営利を追求する企業です。株主から預かったお金を投資する限り、必ずリターンを追わなければいけません。すなわち、社会問題の解決が企業戦略に直結する必要があるのです。

その意味では、企業戦略そのものであるCSVをどうすれば実現できるかを考えて、ネスレのパーパスを定義したことは自然な流れだったと思います。

組織のあるべき姿を描くのは経営者の役割である

――創業経営者とは異なり、大企業の経営を引き継いだ人間が、組織のあるべき姿を問い直すことは簡単ではありません。

私は、それをやるのがトップの仕事だと思っています。伝統産業のように何代も続く一族経営の企業の場合、その最大の目的は存続です。たしかに、そうした企業の経営者のほうが、自分たちが何のために存在するのかと考えやすいのかもしれません。ただ企業の形とは無関係に、それはすべての経営者がやるべきことです。

ネスレの場合、CSVは前会長のピーター・ブラベックが打ち出し、パーパスは現会長のポール・ブルケが提唱しました。こうした概念はトップがリーダーシップを発揮しなければまとまりませんし、彼ら自身が積極的に発信し続けなければ、ステークホルダーの理解が深まりません。

そして、私を含めた各地域や国の代表者が、経営トップが中心となってまとめ上げた方針を全世界に徹底的に浸透させる。そこに特別なことはなく、それぞれが経営者として当たり前の役割を果たしているにすぎません。

——現実には、それができていない経営者のほうが多いと思います。

日本企業について言えば、任期の問題が大きいと思います。日本の多くの大企業のトップは2期4年などの形で就任時から任期が決められている。

一方で、海外では10年単位で舵を取ることも、まったく珍しいことではありません。経営者としての功績を評価するには10年は必要でしょう。同時に、最低限の成果を残せない経営者は、すぐに解任されます。長期間トップを務めるには、時代に応じた組織のあり方をみずから問い、そこに理解を求めながら、株主を納得させる業績も残さなければなりません。

日本では、経営者として成果を上げるにはあまりに短い時間しか与えられませんし、よっぽどのことがなければ成果を残せなくても解任されない。それでは、任期を満了しさえすればいいという発想になる。要するに、日本企業のほとんどでガバナンスが効いていないということです。

私は「日本株式会社モデル」と呼んでいますが、それは人口が増え続けていた高度経済成長期だったから通用したモデルです。銀行に大株主になってもらい、売上げのほとんどを再投資しながら配当は抑え、銀行から借りたお金の利息だけを返す。世界一質の高い労働者が低賃金で働いてくれるので、海外でも売れる良質な商品を安くつくることができました。それだけ恵まれた環境があれば、誰が経営者であっても同じです。順番待ちの列ができて、一人が長くトップの椅子に座るのは不公平だからと、任期制というルールができたわけです。

組織を進歩させるのが経営者の仕事ですが、日本の経営者の多くはそれをやってきませんでした。時代が大きく変わったいまでも、昔の仕組みをそのまま踏襲している。それは経営者の怠慢だと言われても仕方ありません。

——高岡さんは、ネスレに関するメッセージを社外に発信することにも積極的な印象ですが、それもトップの役割だと考えるからですか。

社長に就任した時から広報と相談し、外部への発信を心がけてきました。ステークホルダーにネスレという企業を理解してもらい、コーポレートブランドを構築することも、経営者の重要な役割だと考えているからです。

任期をまっとうすればいいという発想であれば、それもやらないでしょう。実際、私が社長に就任する以前のネスレ日本では、メディアを通した発信に積極的ではありませんでした。自分が顔になるということには、常に批判される覚悟を持たなければなりません。日本のトップは長らく外国人が務めてきましたが、彼らの任期は日本企業と同じ四年くらいだったので、そのリスクを取るという判断にならなかったのだと思います。私は社長になった時点で10年は務めるべきだと考えていたので、ネスレの考え方を発信する意味を感じていました。

私はサラリーマン経営者ですが、目指す経営者のあり方はオーナー企業のそれです。ネスレが長期的に存続できるように、よいものは残し、悪いものはすべて変える。株主の期待に応えるために短期の業績を上げながら、ロングタームの発想をする。それこそが経営を任された人間の仕事ではないでしょうか。

――そのような姿勢で経営に臨めるトップの候補が選抜される仕組みがあるのでしょうか。

実はそこは課題とされていて、ネスレの欠点でもありました。ただ、その課題を改善するために、数年前からミッドキャリアの役員を急速に増やしています。それまでは本社の役員はほぼ全員が下から上がってきましたが、現在はＣＥＯのマーク・シュナイダーをはじめ、４人が外から招聘した人材です。

反対に、ローカルでは叩き上げのトップが増えています。かつては特に途上国で経営を任せられる人材がいなかったので、先進国から人材を派遣していましたが、いまはその必要性がありません。むしろ現地の人間のほうがその国の事情まで知っていて、変革を実行できます。私はその最初のケースですが、それ以降は現地出身のトップが増えました。

いずれも、昔は理にかなっていたルールが古くなったから変えただけです。その分ポストが減り、スイス本社の人間は穏やかではないでしょうね。ただ、企業のあり方としては健全です。変えるべきことを変えなければ、衰退の道を歩むことになるでしょう。

第2章

組織の「存在意義」をデザインする

BIOTOPE CEO／チーフストラテジックデザイナー
佐宗邦威

初出：『DIAMONDハーバード・ビジネス・レビュー』2019年3月号

佐宗邦威
(Kunitake Saso)
東京大学法学部卒業。イリノイ工科大学デザイン学科(Master of Design Methods)修士課程修了。プロクター・アンド・ギャンブルにて、ファブリーズ、レノアなどのヒット商品のマーケティングを手がけたのち、ジレットのブランドマネジャーを務めた。ヒューマンバリューを経て、ソニークリエイティブセンターにて全社の新規事業創出プログラム（Sony Seed Acceleration Program）の立ち上げなどに携わったのち、独立。企業のミッションやビジョンのデザイン、ブランドデザインなど、企業のWHYの再構築を起点にしたイノベーションプロジェクト全般を得意としている。大学院大学至善館准教授。京都造形芸術大学創造学習センター客員教授。著書に『21世紀のビジネスにデザイン思考が必要な理由』（クロスメディア・パブリッシング、2015年)、『直感と論理をつなぐ思考法』（ダイヤモンド社、2019年)、『ひとりの妄想で未来は変わる』（日経BP、2019年）がある。

「パーパス」が問われる時代

「企業のパーパスは、20世紀型のような規模の経済による効率性の追求ではない。より早く、より規模の大きい学びを得るために、いまの時代の大企業が組織の外の世界に学びを求めるのは自明のことである」

これは、筆者がシンギュラリティ大学(注1)のエグゼクティブプログラムに参加した際、デロイトのセンター・フォー・ジ・エッジに所属するジョン・ヘーゲル3世が伝えたメッセージである。自分がさまざまな企業経営やイノベーションの現場で未来創造をしてきた経験から、最も腹落ちした言葉だ。

ヘーゲル3世は、20世紀型組織は製品・サービスの生産効率を重視するが、21世紀型組織はデジタルインフラ上でビジネスを展開するので、知識創造の量と質、スピードが価値になると言う。より多くのチエを生むために外に開き、外部からヒト、モノ、カネ、データというリソースを引き付ける環境そのものが価値創造に直結するのである。

21世紀型組織の代表としては、国外ではGAFAやテスラ、国内では日本発で世界に通用するスタートアップのメルカリなどが挙げられるだろう。彼らは実際、徹底的な効率化によって達成される目標ではなく、生涯を費やしても実現不可能と思われる壮大な理想を掲げている。そして、それを外の世界に向けて積極的に発信することで、価値を創造するための環境をつくり出している。

たとえば、テスラはＥＶ（電気自動車）の雄であるが、同社は自分たちのミッションを「持続可能なエネルギーへのシフトを世界中で加速させる」(注2)と定義し、ＥＶ事業はあくまで持続可能なエネルギーシステムをつくりあげるための手段だと位置付けている。メルカリの場合、自社のミッションを「新たな価値を生みだす世界的なマーケットプレイスを創る」と定義している。世界のＣ２Ｃマーケットプレイスでインフラになることを志し、大義を実現する過程では一時的に赤字を計上することへの理解を株主に求めながら、国内外で急速な事業拡大を進めている。

こうしたアプローチは「ムーンショット」(moonshot)と呼ばれる。ムーンショットは、米国が「１９６０年代の間に月に到達する」という実現不可能に思える野心的な目標にコミットをすると宣言し、そのために、あらゆるリソースを集積・統合したことに由来する。理想から逆算して現実との間に大きなギャップをつくり出し、その乖離を埋めるクリエイティブテンションン（創造的緊張）を生む戦略である。

シンギュラリティ大学では、ムーンショットと同様の意味合いで「ＭＴＰ」（Massive Transformative Purpose：野心的な変革目標）という表現を用いている。また『ティール組織』の著者フレデリック・ラルーは、組織が目指す方向に向かって自律的に進化し続けるために「エボリューショナリー・パーパス」（evolutionary purpose：存在目的）を定めることが重要だと説いている。

いずれも「パーパス」（purpose）が登場するように、これからの組織のあるべき姿を考える際、この単語が用いられることが増えてきた。「パーパス」とは何か。従来からいわれている「ミッション」（mission）、「ビジョン」（vision）、「バリュー」（value）とは何が違うのだろうか。

本稿では、「ミッション」「ビジョン」「バリュー」の違いを明確にする過程を通じて、「パーパス」がどのような役割を果たすかを検討する。そのうえで組織が具体的にどうすればよいのかについて、筆者なりの方法論を示したい。

21世紀型組織には「求心力」が不可欠である

さて、ミッション、ビジョン、バリューの違いを考察する前に、ＧＡＦＡやテスラ、メルカりのような企業が、なぜ壮大な理想を掲げ、それを発信するのかをあらためて検討したい。筆者は、そこには時代の変化に伴う、重大な意味があると考えている。

コンサルタントであり、『Whyから始めよ!』で有名なサイモン・シネックの「ゴールデンサークル理論」によると、組織の資源は、①WHY、②WHAT、③HOW、という3つに分けられるという。WHYを簡潔に説明すると、経営理念などを通じて表現される組織の存在意義である。WHATは、組織の価値創造を規定する戦略やコンセプトである。HOWは、ファイナンス、マーケティング、デザインなど、組織の価値創造を実現する手段であると整理できる（**図2-1**「組織のゴールデンサークル」を参照）。

弊社が支援を続けているムーンショット型企業の代表格であり、日本最大の料理レシピサービスで有名なクックパッドを例に整理しよう。クックパッドは「毎日の料理を楽しみにする」というWHYの下、世界中のレシピを記録し、共有する場となるレシピサイトのプラットフォームの構築というWHATがあり、そのためにレシピコンテストやタイアップ広告、料理データを用いたマーケティング支援などのHOWを遂行するのが主な事業だ。

WHYやHOWは大脳辺縁系という直感に訴えかけるレイヤーであり、WHATは大脳新皮質という理性に訴えかけるレイヤーである。シネックは、現代はこれまで以上に社内外で共感を生むことが求められており、理性的・論理的なWHATよりも、WHYや、その具体表現と

図2-1｜組織のゴールデンサークル

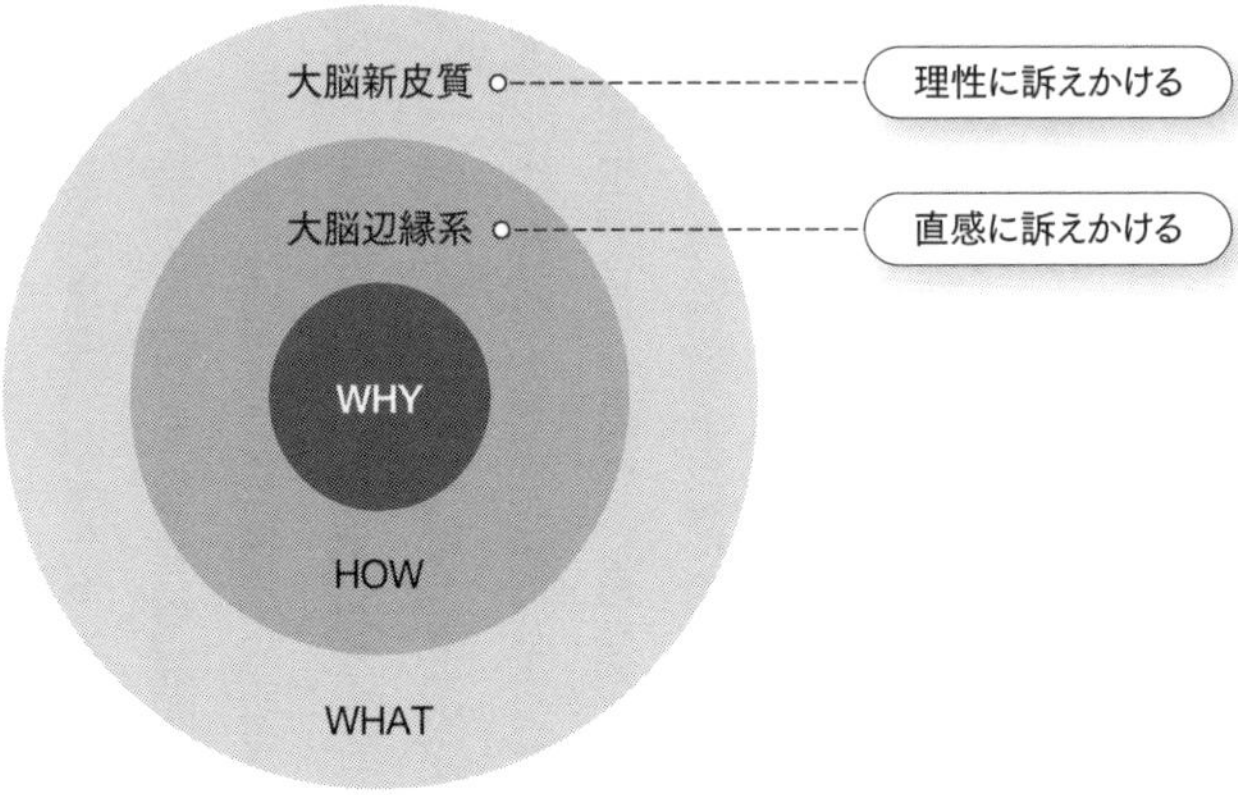

してのHOWが重視され、経営者はそれを語るべきだと提唱した。

シネックによる問題提起は、冒頭に示したヘーゲル3世の発言に通じるところがある。筆者自身、企業のイノベーションを現場で支援する中で、WHYを語ることでチーム力や組織力が高まり、価値創造のスピードが上がることを実感しているため、両氏の主張に大いに共感する点がある。そこで以降、ゴールデンサークル理論による資源の分類を参照しながら、20世紀型組織と21世紀型組織の違いについて、より詳細に論じたい。

20世紀型の組織は、一言で言うと「囲い込み」を価値創造の拠り所にしている。かつての自動車産業や製造業に象徴されるように、組織の内と外の間に高い障壁を設け、自社内で生産設備や知的財産などを独占したうえで、選択と集中を通じて自社の強みを発揮できる陣地を増やし、スケールメリットによりオペレーション効率を高めていくような、競争優位性と効率性を重視する経営モデルが前提とされていた。この時のリソースは有限であるため、一定量を超えると価値が逓減していくロジスティックカーブをたどる。

このモデルでは、自社がどこで戦うべきかを特定し、その領域での学習速度を速め、有限なリソースを囲い込むことが重要となるので、WHATとHOWが重視される。一方、WHYは所与のものとして扱われ、日常のオペレーションの過程においてはほとんど意識されないケースが多い。

これに対して21世紀型の組織は、「呼び込み」を拠り所にする。グーグルやフェイスブックのような、インターネット上のプラットフォーマーが代表的な存在である。世の中のニーズに即座に適応して新しい製品やサービスを生み出し続けるために、組織の内と外を隔てる障壁は低い。自社のアルゴリズムをAPIとして公開したり、知財をオープンにしたりすることで自分たちが知識創造のプラットフォームとなり、多種多様なヒト、モノ、カネ、データを呼び込み、チエを生む。すなわち、組織外への求心力を基点とした持続的な知識創造が価値創造のカギを握る。これは情報革命が実現可能にしたモデルである。

デジタルエコノミーにおける知識創造とは、無形資産の創造である。有限なリソースを価値創造の源泉とする20世紀型組織とは異なり、サーバー資源とコンピュテーションのスピードが向上する限りリソースは無限に広がる。したがってユーザー数とその利活用データが蓄積し、それがある一点を超えた瞬間、エクスポネンシャル（等比級数的）な成長とも呼ばれる、ネットワーク外部性による爆発的な価値を生み出すという現象が見られる。

ただし、アマゾン・ドットコムが創業から黒字化まで10年近くを要したように、その一点に至るまでの段階、特にデータを蓄積する初期のフェーズでは収益をほとんど生まず、ある領域で独占状態になって初めて収穫逓増の状況が訪れる。すなわち、長期的な視野でハイリスク・ハイリターンを目指すのが21世紀型組織の典型的な経営モデルである。

ただ、人間の認知的特徴に目を向けた時、連続的な変化に基づく直線的な未来を想像することは比較的容易であるが、非線形で描かれる未来を直感的に理解することは難しい。そのため21世紀型組織の経営者が目指している理想の世界と、目の前に提示される現実との間に、特に初期の段階では必ず大きなギャップが生じる。いっこうに黒字化が見えない状況を突き進むことで、従業員を失望させる危険性があるだろう。また投資家をその船に乗せるために理解を得るのは、短期でわかりやすい成果が期待できる20世紀型のビジネスに比べると困難である。

21世紀型組織が、目に見える成果が出ない段階においても、長期的で大きな成功を拠り所に自分たちとともに挑戦してくれる従業員や投資家を集めるには、ストックオプションで報いるようなインセンティブの設計だけでなく、自分たちのＷＨＹ、すなわち存在意義をより強く訴えかけて外部のリソースに対する求心力を高めることが不可欠である。ＷＨＹを不動点として設定したうえで、より野心的で実験的なプロジェクトなどＨＯＷの実装を通じて、存在意義を社内外に発信することの必要性が高まっているのだ。

以上のように、20世紀型組織はＷＨＡＴ↓ＨＯＷ↓ＷＨＹの順で価値を創造したのに対して、21世紀型組織はＷＨＹ↓ＨＯＷ↓ＷＨＡＴと反対の順で価値創造を行っている。これまでは日が当たらなかったＷＨＹこそが、価値の源泉となる。自社の事業プランの収益性を語ることで理性に訴えかける以前に、人類の進歩に対して果たすべき意義を語ることでまずは直感に訴えかけ、人に行動を起こさせる動機付けを与えることの重要性が増したのである。

自分たちのビジネスは20世紀型であるから変わる必要はない。そう考える方もいるかもしれない。これら2つのモデルが従来、基本的には異なる経済モデルの下で成り立っていたことは事実だ。しかし、インターネットの普及に始まり、ＩｏＴ（モノのインターネット）のようなテクノロジーの台頭によって20世紀型組織がデジタルエコノミーと融合したことで、双方のモデルは急速に接近し、時に融合や並存を迫られている。その結果、あらゆる企業が自社のバリューチェーンの中で21世紀型の経営モデルと接することとなり、ＷＨＹを発信することはすべての企業に求められているといえるだろう（囲み「ＷＨＹの発信が重要性を増す2つの潮流」

を参照)。

ここで冒頭の議題に戻りたい。ミッション、ビジョン、バリュー、さらにパーパスは、WHY、HOW、WHATといかなる関係性を持つのだろうか。

結論を先に述べると、21世紀型組織は、その存在意義のコアであるミッションをWHYとして定義し、それをビジョンという形でわかりやすい表現に落とし込んで発信することで、組織の求心力を高める。そのうえで独自の組織文化を培うバリューをHOWとして活用し、組織内外のプレーヤーとの共創力も高める。戦略であるWHATは、そのプロセスの中で創発され、結果として生まれてくるものだ(戦略論の大家ヘンリー・ミンツバーグ教授が提唱する、創発的戦略論をもとにした価値創造の考え方と通じる)。

以降、ミッション、ビジョン、バリューという概念の原義を押さえたうえで、21世紀型組織でそれぞれが果たす役割を再定義しよう。

ミッション、ビジョン、バリュー、それぞれの違い

組織とは、人の集団が群れとして、ある目的を達成するために存在するものである。創業者

の情熱から始まり、人を動かす仕組みをつくる中で価値が再生産され、徐々に社会的に必要とされる存在へと成長していく。あらゆる経営者にとって、「自分」というリソースの限界を超えることは不可欠なプロセスである。

組織が創業者を超えた生命体になるためには、集団の向かう方向性や文化を育むＤＮＡが必要である。それが無限に複製された際に、大きな価値が生まれるようなＤＮＡをデザインしなければならない。その時に大きな役割を果たすのがミッション、ビジョン、バリューである（図2－2「ミッション、ビジョン、バリューとは何か」を参照）。

ミッションとは「組織の存在意義を定める」ものである。類似概念として経営理念や経営哲学、綱領、社是などがあるが、いずれも求心力を高めることを目的とする。組織が創業者を超えた存在へと成長を遂げる中で、その正統性を担保するための不動点として、言わば憲法のような役割を果たす。

ビジョンは、「組織が目指す理想の状態」を定めるものだ。その目的は人を動かすことだが、時代が変化するにつれて、その役割が変わったと筆者は考えている。

20世紀型の経営環境では、ビジョンは中期経営計画などに落とし込まれた。ある時点までに組織が達成すべき不動の目標をイメージしやすい形で共有し、それを達成するインセンティブ（外的動機）を高めるために活用されており、非常に重要な経営資源だった。だが21世紀型の

図2-2｜ミッション、ビジョン、バリューとは何か

	ミッション	ビジョン	バリュー
定義	組織の存在意義を定める	組織が目指す理想の状態を定める	組織の構成員が共有する価値観を定める
目的	求心力を高める	人を動かす	組織文化をつくる
20世紀型組織	日常のオペレーションではほとんど意識されない、所与のもの。	組織内で経営目標などの形で共有し、目標達成のインセンティブ（外的動機）を高める。	組織の中にいる人材を対象に、求める資質や守るべきルールを可視化する際の根拠となる。
21世紀型組織	組織が創業者を超えた存在へと成長するために不可欠な、正統性を担保する不動点。	ミッションを実現した時の社会像を示すことで、組織内だけでなく組織の外にいる人も動かす。	ユニークな組織文化の起点であり、人材採用や外部パートナーと協働する際の基準となる。

経営環境においては、その急激な変化によって未来に不動点を定めることが困難になった。そのため、組織が目指す理想の状態は頻繁に変わることを前提としたうえで、ミッションを実現した時の社会像をより野心的に提起するものへと変化している。ビジョンの発信を通して組織の枠を超えて人を動かすことに重点が置かれるので、従来のように組織内の目標を数値や文章で表現するに留まらず、ビジュアルなどを通してビジョンを表現する企業もある。

バリューは「組織の構成員が共有する価値観」を定めるものであ

り、社内外に染み出していく組織文化をつくることが目的である。バリューの役割も時代に応じて変わってきた。

「囲い込み」を拠り所にした20世紀型組織では、従業員にその会社の色に染まってもらうために教育制度や就業規則、人事評価制度など、組織内のルールを可視化する際の根拠として活用されていた。一方、「呼び込み」を拠り所とする21世紀型組織では、バリューを起点にユニークな組織文化をつくり、それを外部と共有することで、価値観が一致する人材を採用したり、外部パートナーや顧客を巻き込んだりできる。すなわち、価値共創のインフラである。その価値観が自社のサービスにも醸し出され、それが外部に伝播すると理想である。

ミッション、バリュー、ビジョンは、どのような関係性にあるのか。ここまでの議論をまとめよう（図2-3「20世紀型組織と21世紀型組織の比較」を参照）。

ミッションとは、現状の自分たちの状態（AS IS）と、将来の理想の状態（TO BE）のギャップをつなげるベクトルである。どの点からどの点に向けて、どちらの方向に進んでいくのが正しいのかを指し示すことで、組織に求心力を生み出す。

バリューは、現状の自分たちの状態（AS IS）を共有する価値観であり、それを共有する人たちと、そうではない人たちとの間に境界線を設ける。その価値観を日々の行動に落とすものが、クレドなどの行動規範である。それが実際の行動となることで組織文化となり、組織の一

図2-3｜20世紀型組織と21世紀型組織の比較

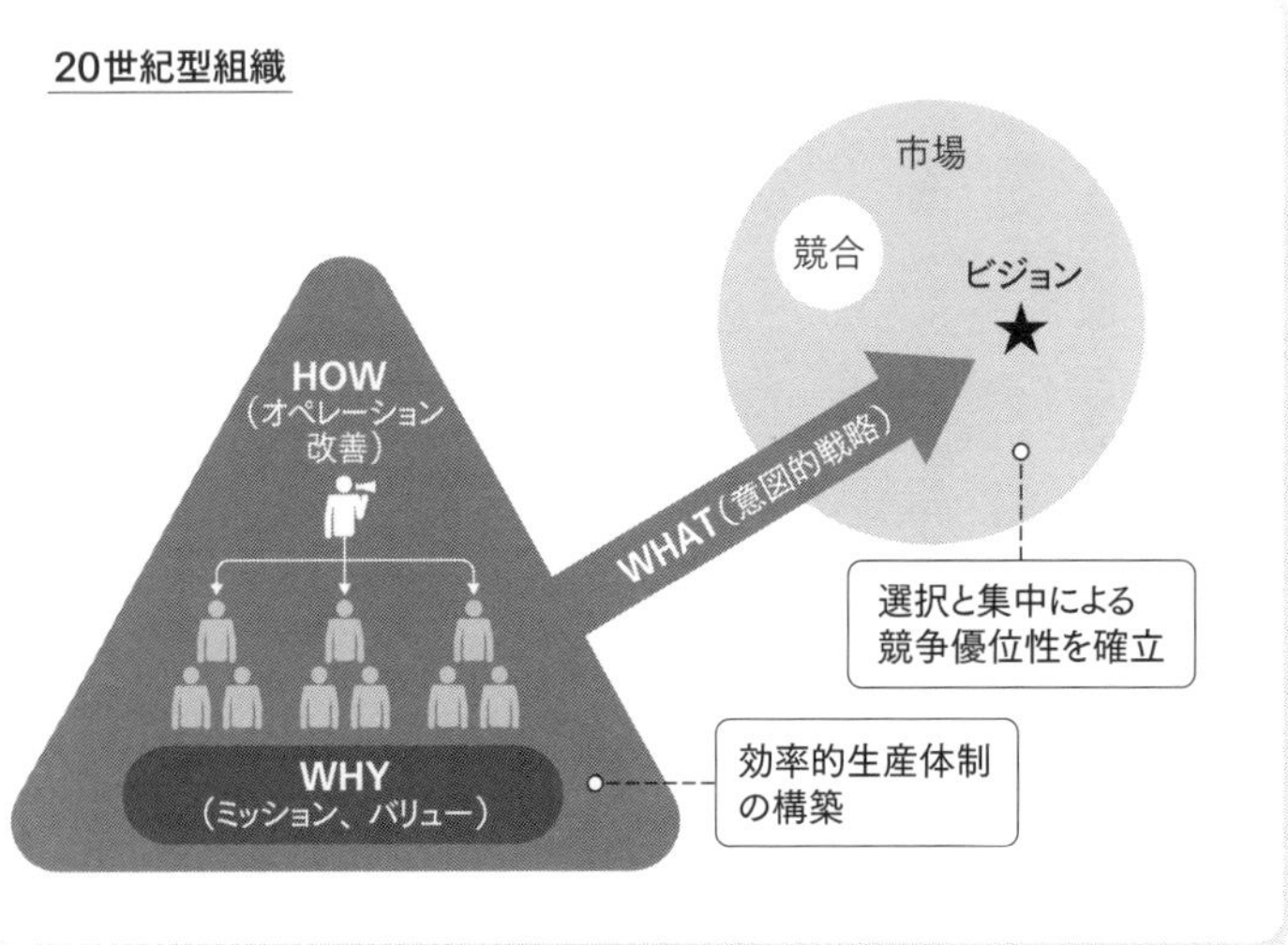

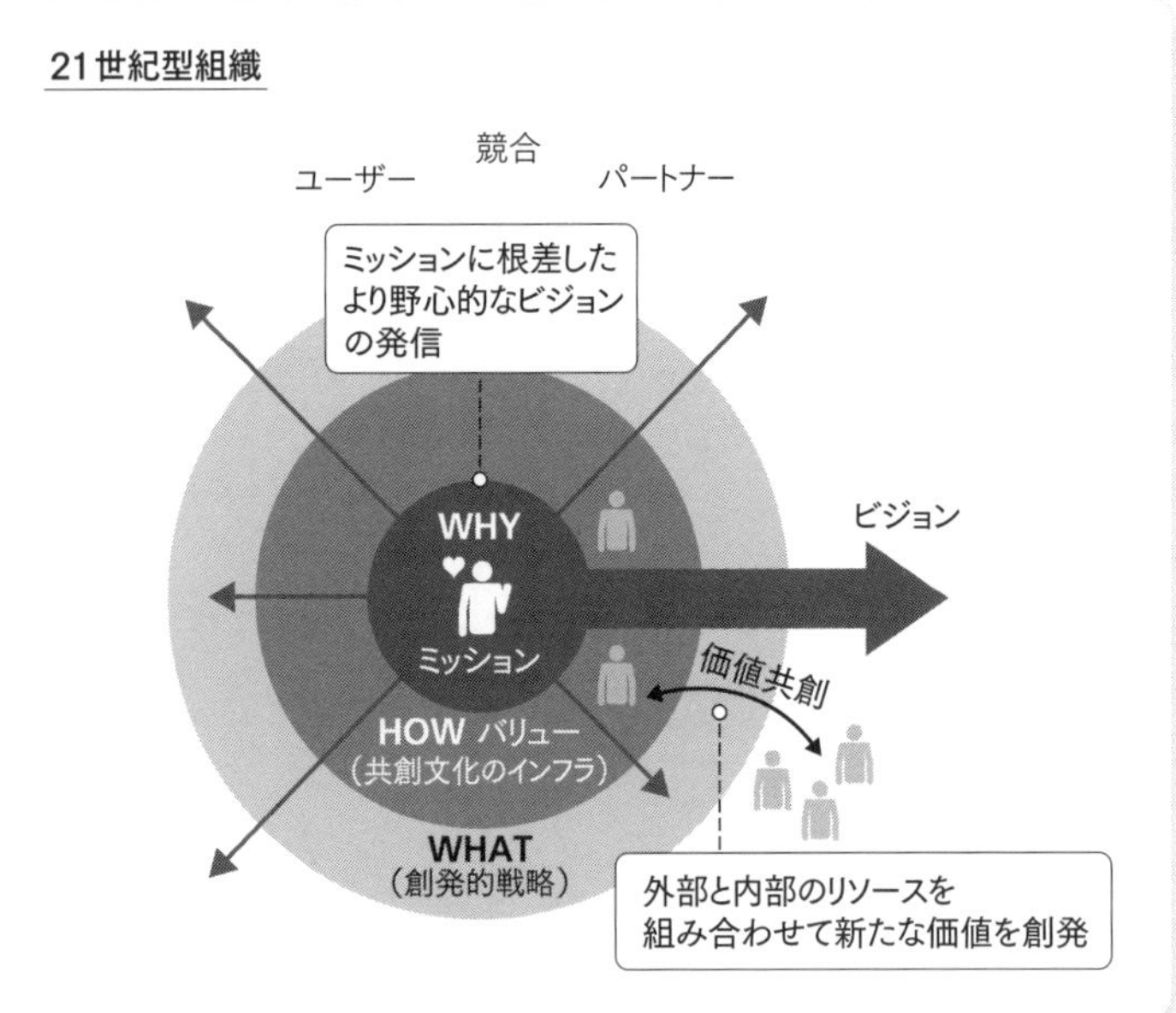

体感を高める。

　バリューに対してビジョンは、理想の状態（TO BE）を実現した将来を具体的にイメージさせる表現である。理想に至る過程を示す中期ビジョンのようなものから、ミッションが実現した究極的な状態を表現するものまで、時間軸に応じて複数のビジョンが存在しうる。

パーパスとは何か

　では、その中でパーパスはどのような役割を果たすのだろうか。筆者は、パーパスはミッションの一つの種類として解釈できると考えている。

　英語の"purpose"の語源は「前に」（pur）、「置く」（pose）こと、すなわち前進する先の目的を定義するものである。それに対して"mission"は、ラテン語の「送る」を語源とし、宗教の伝道を意味するといわれる。Mission は、大いなるもののために自分が果たす行動(to do)を指すとすると、パーパスはその行為をする動機を指す言葉と言える。

　ミッションとは理想と現状のギャップをつなげるベクトルだとすると、そのベクトルは2つある。「自分たちは社会に何を働きかけたいのか」と外側にある終点に重心が置かれたものと、

「自分たちは社会の中でどうありたいのか」と内側に重心が置かれたものだ。前者がミッションであり、後者がパーパスである。ミッションは組織が取る行動に主眼が置かれているので「DO」、パーパスは組織の在り方状態そのものに主眼が置かれているので「BE」のミッションと言い換えることもできる。

たとえば、パナソニックやオムロンのミッションは在り方（BE）を定義している。パナソニックのミッションは「産業人たるの本分に徹し　社会生活の改善と向上を図り　世界文化の進展に寄与せんことを期す」、オムロンのミッションは「われわれの働きで　われわれの生活を向上し　よりよい社会をつくりましょう」と書かれており、いずれも自分たちの状態を定義したBE型のミッションである。一方、テスラの「持続可能なエネルギーへのシフトを世界中で加速させる」や、メルカリの「新たな価値を生みだす世界的なマーケットプレイスを創る」は、行動が定義されているのでDO型ミッションだ。

ただし、存在意義をミッションと呼ぶか、パーパスと呼ぶかというのは本質的な議論ではない。ここで重要なのは、ゴーイングコンサーンを重視している会社が、自分たちの会社の社会における存在意義を自明とせずに、自分たちのビジネスの目的を探求し、その末に自分たちの役割を世の中に提示しているかどうかだ。BE型ミッションは前述の通り、伝統的大企業や老舗企業のように、社会における文化の創造や保全を担う組織により合いやすいフォーマットである。自組織が守るべき文化が明確化されるので、構成員がそこに所属すること自体を誇りに感じられるようになるからだ。一方、ユーグレナのようにサステイナビリティファーストという姿を体現し続けることを宣言する例も見られる。これは時間をかけて文化そのものを作っていく姿勢の宣言といえよう。一方、DO型ミッションは具体的に示す行動がわかりやすいので、組織外にいる人たちを巻き込みやすい。テスラはその代表例だが、スタートアップのように社会変革を志し、様々な企業を巻き込んだダイナミックなビジョンを求心力にする企業に適した形である。

ただし繰り返しになるが、いまやあらゆる組織が21世紀型の経営モデルと切り離せないので、組織外の人材を引き付ける求心力の発揮が不可欠だ。ミッションにせよ、パーパスにせよ自社の存在意義を宣言することはそれを生み出す起点であり、組織の新しい群れ方を提示する概念である。すべての産業が変革期を迎えたいま、既存のミッションを見直し存在意義に翻訳して発信することで、集団としての求心力を高める必要がある組織は多いのではないか。

20世紀型組織では、組織の構成員や関係者が、創業者が描いた世界観に同化し、そのシンボルの一部として機能してきた。同化を目的とするのであれば、経営理念を記したマニュアルを配布したり、研修を実施したりすることは効果を発揮する。ある程度、「法律としての存在意義」が価値を持つ時代であったともいえる。

一方、21世紀型組織はネットワーク化された環境下で成り立っているので、構成員や関係者は、その組織にすべてを捧げるという感覚を持っていない。そのため組織の存在意義を自分ごと化させ、そこに自分なりのストーリーを生み出し、それを社会に対するアクションへと変えられるような、コミュニケーションの媒介としての「生きた存在意義」を設計し、浸透させる必要がある。

パーパス・ブランディングを3つのフェーズで実践する

パーパスの重要性が注目を浴びるに従い、そのコンセプトを企業経営に活用する方法論として「パーパス・ブランディング」という新たな概念が世界で普及しつつある。ここまでの議論を踏まえて筆者なりに解釈すると、パーパス・ブランディングとは、「生きた存在意義」を世の中に伝播させる運動体をつくるための方法論である。

従来のブランディングがユーザーのイメージを管理することを主に扱っていたのに対し、パーパス・ブランディングはユーザーの行動を生み出そうとする点に大きな違いが見られる。これは、インターネット時代だからこそ実現できるようになった概念である。

では、どうすればパーパス・ブランディングを実践できるのか。そこに確定的な方法はないが、パーパス・ブランディングの肝は、世の中に自分たちの存在意義を提示し、その思想に共感してくれる人たちが自分ごと化したストーリーを生み出しやすくする仕組みをデザインすることである。そのためのヒントとして、ミッションの語源でもあり、思想を広げて人の行動を変えていく人間の原始的な行為である、宗教をメタファーに考えることを提言したい。

宗教とは、人間が大規模な集団をつくって群れるために発明した概念のうち、最も原始的なものの一つである。その教義の伝播を通して、信者一人ひとりが自分なりの意義を生み出すことが、宗教が果たしている役割の一つだといえるのではないか。企業や組織も同じように、従業員や株主などステークホルダーと「生きた存在意義」という教義を共有し、彼ら自身が意義をつくるための媒介となることで、熱狂度の高い人たちが支えてくれる仕組みづくりにつながる。

宗教が伝播する過程では、創始者の思想に基づいた行動を起こすために①思想をデザインする、その思想を布教するために②コミュニティをデザインする、祈りなどを通して日常化させるために③習慣をデザインする、という3段階を経る。自社の存在意義を探求・言語化し、浸透させるうえでも、これら3つのフェーズをたどるのは効果を発揮する（図2－4「パーパス・ブランディングのフレームワーク」を参照）。

以降、各フェーズの概要と具体的なアクションを紹介したい。紙面の都合上、すべてのアクションの実例は伝えることはできないが、筆者が代表を務めるBIOTOPE《ビオトープ》が協働したケースも交える。

フェーズ① 思想をデザインする

最初のフェーズはまず、思想の原型を固めることから始める。次いで、創業者自身による行動や、その思想を文章化したものなどを通じ、現在進行形のストーリーとして組織内外に発信する。

このフェーズを形にするには、次のようなアクションが有効である。

①バイブル（bible）：思想を可視化・言語化し、まとめる。創業者や創業家のインタビュー、歴史分析を通じて、時代を超えた不変のDNAを明確にする。
②ルール（rule）：ミッションを定款化・綱領化する。創業の思想を組織内外の人たちと共有する。
③シンボル（symbol）：思想を記号化する。たとえば十字架のように、コーポレートアイデ

図2-4｜パーパス・ブランディングのフレームワーク

フェーズ1｜思想をデザインする

創業者の思想を固め、
組織内外にストーリーとして発信する

❶バイブル（bible）
思想を可視化・言語化し、まとめる。

❷ルール（rule）
ミッションを定款化・綱領化する。

❸シンボル（symbol）
思想をCI/VIデザインにより記号化する。

フェーズ2｜コミュニティをデザインする

思想を一人ひとりの
「生きた存在意義」として伝播させる

❹カンファレンス（conference）
思想をR&Dする仕組みをつくる。

❺エバンジェリスト（evangelist）
伝道師を育てる。

❻ダイアローグ（dialogue）
創業者と対話する。

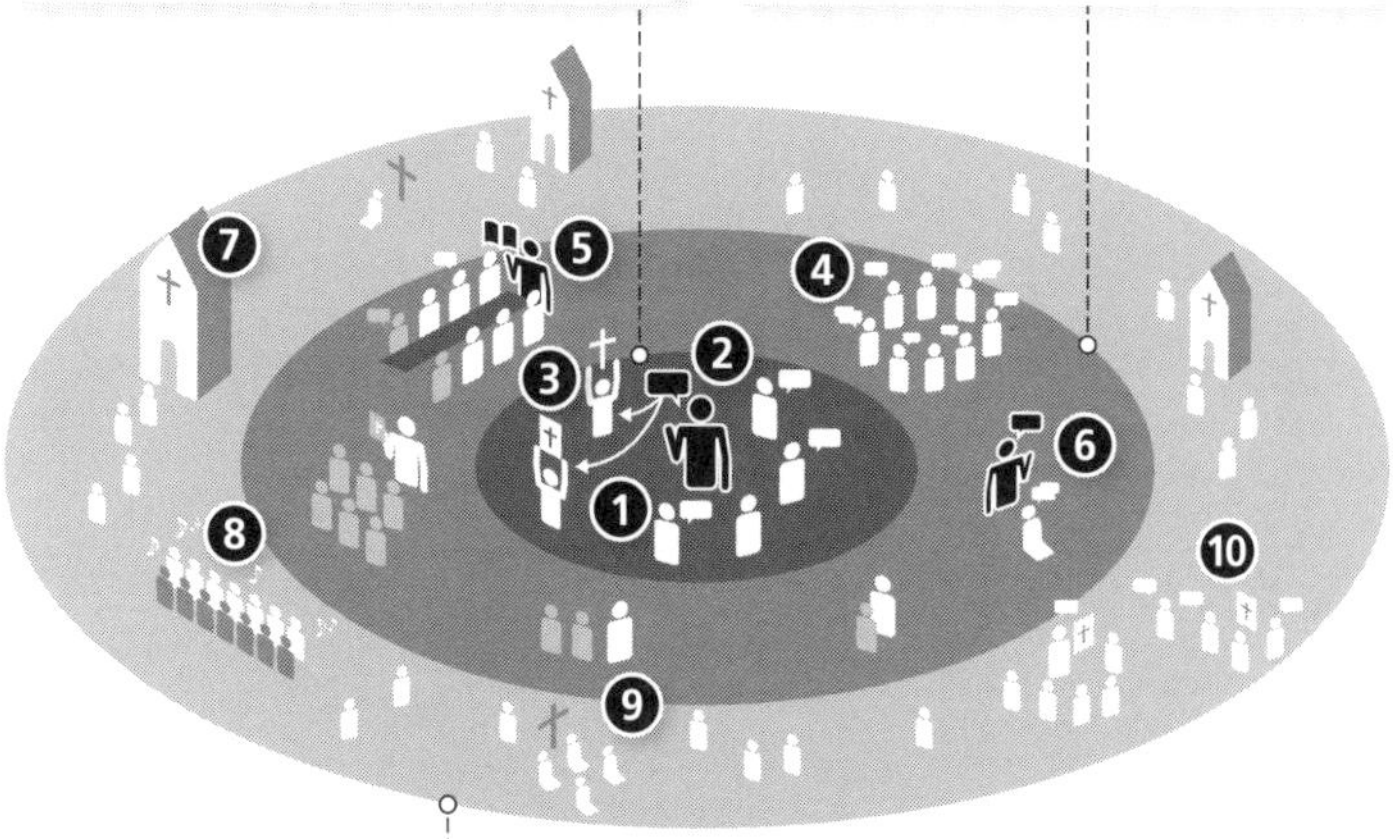

フェーズ3｜習慣をデザインする

「生きた存在意義」と日常的に接するための仕組みづくり

❼プレイス（place）
自分ごと化するストーリーテリングの場をつくる。

❽メディア（media）
思想の世界観を体験してもらう共通のメディアをつくる。

❾リチュアル（ritual）
存在意義を日常で意識できるような儀式をつくる。

❿リクルーティング（recruiting）
共通の価値観を持つ人を採用する。

ンティティ（CI）やビジュアルアイデンティティ（VI）をデザインすることで、組織が実現したい世界観を記号化する。

衛星から人工流れ星を流すことを目指すALE《エール》は、創業者の思想を可視化するバイブルを実践した事例である。

ALEは2011年、岡島礼奈氏によって創業された。岡島氏はビジョナリーな経営者であり、同社が壮大なプロジェクトを実現する課題としていたのは、自律的な組織をつくりながら、そのインパクトを外に向けてどのように最大化していくか、ということであった。資金調達を前にしたタイミングで、筆者と岡島氏が意見交換を行ったのを機に協働が始まった。

私たちはまず、岡島氏の人生をデプスインタビューしながら、それが現在の事業とどうつながっているかの文脈を聞き出すことで、時代を超える不動点を探っていった。次に、同社のコアメンバーに加え、株主や外部の科学者を交えて、これからの100年における科学技術の進歩の可能性を検討した。そのうえで全社員を巻き込んで、ALEが30年後も変わらず実現している社会価値、すなわち同社のミッションを探求した。

哲学的ともいえる対話を繰り返す中で、ALEは人工流れ星を流すことを目的とする企業ではないという結論に達した。そうして、「科学を社会につなぎ　宇宙を文化圏にする」というミッションが完成した。

岡島氏がＡＬＥを起業した根底には、基礎研究に対して資金が流れていかない社会構造を変革したいとの想いがあった。そこで、宇宙という最先端の発見が生まれる場所でビジネスを行うことにより基礎研究への資金の流れを生み出し、ビジネスと科学技術の進展を両立させることを存在意義と定義したのだ。これにより採用すべき人材や協働すべき企業が明確になり、投資家からの評価も上がったという。

クックパッドとの事例も紹介したい。同社はミッションを定款に組み込み、ルールを実践した企業である。

クックパッドは、２０１６年に岩田林平氏が代表に就任してから、創業者の佐野陽光氏とともに、同社のミッションである「毎日の料理を楽しみにする」に立ち戻った経営にシフトした。ユーザー数で日本一になった後、次の戦略を明確化する時期を迎え、筆者らはその挑戦を支援することとなった。

クックパッドは、「当会社は、『毎日の料理を楽しみにする』ために存在し、これをミッションとする」と、ミッションを定款に組み込むことにした。さらに、「世界中のすべての家庭において、毎日の料理が楽しみになった時、当会社は解散する」という一節を盛り込んだ。そこには、株主と自分たちの存在意義を共有するという明確な意思があった。また従業員に対して、このミッションの達成を目指すという強いメッセージを打ち出すことにつながり、意識改革を促す機会となった。

フェーズ② コミュニティをデザインする

フェーズ②では、フェーズ①でデザインした組織の思想を一人ひとりの「生きた存在意義」として伝播するために、コミュニティをつくる。

宗教の場合、創始者や弟子たちが集まって教義をまとめたり、公会議と呼ばれるような教義全体を議論したりする機会がある。あるいは、創始者と対話する時間を設けることで、その思想をさまざまな文脈に合わせて語り直し、布教を進める宣教師を増やす。

これを経営の文脈に置き換えると、自社の存在意義を一緒になって世の中に広げてもらうためにコミュニティをデザインすることとなる。そのためには、次のようなアクションが効果的である。

④カンファレンス（conference）：思想をR&Dする仕組みをつくる。ミッションやビジョンは進化し続けるものと定義したうえで、経営陣はもちろん、従業員や株主、外部のパー

トナーも交えながら、自分たちの存在意義をとらえ直す公会議のような機会を定期的に設ける。

⑤エバンジェリスト（evangelist）：伝道師を育てる。エバンジェリスト（伝道師）を認定し、組織やブランドの思想を伝えるフラッグシップストア（聖地）などを基点に、その世界観を広めるためのノウハウを伝達する。

⑥ダイアローグ（dialogue）：創業者と対話する。定期的な面談などの対話を通して、組織と個人の存在意義をすり合わせる機会をつくり、ミッションの自分ごと化を行う。

クックパッドの場合、エバンジェリストの育成を実践した。以下、そのプロセスを簡単に示したい。

岩田氏と佐野氏は、「毎日の料理を楽しみにする」というミッションを基本に、社会課題を解決する意義ある会社になるべきだと考えていた。ただ、社会課題に関する議論は大上段になりがちである。また料理が貢献できる分野はとても広いため、役員をはじめ社員それぞれが異なるビジョンを持っているような状態だった。

そこでまず、社員一人ひとりの料理に対する想いや未来のあるべき社会像を語ってもらう作業を通して、現実の社会課題を引き出した。次に、「食と料理にまつわる社会課題マップ」を作成した。味覚マヒなどのミクロな問題から、食の生産・流通、食文化の育成などマクロな問題まで、食と料理という日々の営みが関係する社会課題を1枚の絵で可視化したのだ。すると食と料理を取り巻く課題はそれぞれ独立しているように見えて、すべてがつながっている事実を共有できた。

そこから、社会課題の解決は自社だけで実現するものではないという進化した発想が生まれた。そうして、食と料理はさまざまな社会課題を解決するレバレッジであるという世界観を提示したうえで、自社内で事業を仕込むと同時に、外部のパートナーとともにその実現を目指す、オープンイノベーション型の取り組みを行うことが決定した。

クックパッドは「食と料理にまつわる社会課題マップ」を公開し、「クックパッドアクセラレータ」という取り組みを通して、同社のミッションに賛同するスタートアップへのインキュベーション支援を開始した。また「クックパッド大学」を開催し、分野を超えた実践者とともに、食の流通システムの見直しや食育など、社会課題の共有とその解決策を考えるプロトタイプの場をつくった。

すでに社外のスタートアップやパートナーと協業するケースが生まれている。たとえばクックパッドとパナソニックが協業して、暮らしの中で人と家が寄り添う「新しい料理体験」の共同開発は、その代表例である。クックパッドによるこうした取り組みは、共通の志を持つ仲間を募ることで、同社のミッションを社外に伝播させてくれるエバンジェリストを育成する一つの手法だといえよう。

フェーズ③ 習慣をデザインする

最後のフェーズは、従業員やユーザーなどのステークホルダーが、コミュニティを軸として伝播し始めた存在意義と日常的に接することができるような、習慣をデザインすることである。

宗教の教義は、たとえば教会のように人が集まる場で賛美歌を歌ったり、祈りを捧げたりするなど、日頃から接することができるメディアが存在することで広がっていく。企業がこれを実践する際は、次のようなアクションが考えられる。

⑦プレイス（place）：自分ごと化するストーリーテリングの場をつくる。教会のように、従業員やユーザーがミッションを自分なりにとらえ直し、自分の人生のビジョンストーリーに置き換えていけるような場、たとえば商品・サービスを体験できる直営店やポップアップショップ、会社の朝会などの場をつくることが挙げられる。

⑧メディア（media）：思想の世界観を体験してもらう共通のメディアをつくる。賛美歌や

教会のステンドグラスのように、組織のミッションに共感した人の間で一体感をつくり出すために、日常で共有できるメディアを用意する。ブランドブック、パッケージ、ロゴシールの作成などは一例である。

⑨リチュアル（ritual）：存在意義を日常で意識できるような儀式をつくる。祈りのように、企業やブランドの思想を日常で振り返りやすいフォーマットに落とし込む。SNSの専用ページ開設や、スマートフォンアプリの作成などが挙げられる。

⑩リクルーティング（recruiting）：共通の価値観を持つ人を採用する。ミッションやバリューをプロジェクトや個人のストーリーとして発信することで、価値観が近く適合性の高い人材を引き付ける。

ここでは山本山と取り組んだリブランディング・プロジェクトを通して、プレイス、メディア、リチュアルの実践例を紹介したい。

山本山は創業300年以上の老舗であり、江戸の大都市である日本橋から「おいしいお茶を分けてあげたい」という理念を持って始まった。あまり知られていないが、玉露を発明したのは同社である。ペリー来航の際に読まれた有名な狂歌「泰平の眠りを覚ます上喜撰　たつた四杯で夜も眠れず」の「上喜撰」とは山本山のブランドだ。

山本山の原点は日本茶にあるものの、戦後の中元や歳暮文化の発達などで海苔の需要が拡大したことにより、一般には海苔のブランドとして認知されている。山本山の社員は日本茶の老舗であることにプライドを持って仕事をしているが、実際との間にギャップが生まれていた。また、メインユーザー層が60歳以上になり、若返りを図らなければ次代に継承されないという課題を抱えていた。

山本山の原点である日本茶を飲むという日常の習慣と、その背後にある日本の食文化をどう残すか。それをどう体験として伝えていくのか。「おいしいお茶を分けてあげたい」という江戸の老舗大店《おおだな》である茶商ならではの在り方（BE）を世の中に伝播することがゴールである。

プロジェクトでは、創業家の伝統や江戸時代まで遡る歴史を社員の方々と掘り起こしたうえで、これからの時代に必要なものは何かを定義した。江戸の老舗茶屋という、社員の誇りとなるDNAを凝縮したのである。そのうえで、次のようなアクションを実施した。

たとえば、日本橋の本店という聖地が和の食文化の魅力を体感してもらえる場（プレイス）となるよう、本店を改装した。そこでは若い世代が足を運びやすいようなデザインを志向し、和の食文化の伝統を理解してもらいながら、それぞれのライフスタイルと融合する提案を行い、日本茶のよさを現代風に伝え直す取り組みを行っている。

商品ラインを見直し、パッケージデザインも統一した。さまざまな種類のお茶をいろいろな楽しみ方ができると感じられるように巻物型の商品パッケージにすることで、山本山が日本に残したい茶の文化を伝えるメディアとして活用している。また、インスタグラムのページを開設し、そこでは日本茶がていねいな暮らしを象徴する記号として、ふだんの生活での使い方を提案している（リチュアル）。

山本山の社員が日本茶を飲む意義をみずからの言葉で伝えやすくするため、日本茶を習慣的に飲んでほしい30代女性をメインターゲットにしたワークショップも始めた。インスタグラムも同様の機能を果たしているが、いまの時代ならではの日本茶や和食の楽しみ方を発信するプレイスを設けることで、社員がストーリーを伝えられる機会となり、ユーザー自身も自分なりのストーリーに置き換える場になっている。

時代を超えて生き続ける組織となるために

日本で理念による経営が世の中に広がるきっかけとなったのは、松下幸之助が「水道哲学」を提唱したことにあるという。松下幸之助は、誰にでも手の届く値段で水を供給する水道のように、企業が良質な商品を安価で普及させることの重要性を説いた。これは昭和の大不況に直面した時、消費者のみならず、系列の電機店なども一緒になって生き残るために生まれた知恵であった。

パーパスに基づいた経営をすることは、金銭的インセンティブ以外の力で人を動かす手段であり、水道哲学と同じように不況に強い経営モデルを構築することだといえる。不況期ほど世間はシビアになり、本質的で独自の価値を提供できる会社と、そうではない会社が見極められ、淘汰されていく。オリンピックバブルの終焉が近づき、米中貿易戦争をはじめとする世界経済のモデル転換が予想されるこれからは、時代の検証を経て生き残る組織であり続けられるかどうかが問われているのではないか。

自分たちの「生きた存在意義」を見出し、それを組織の内外で共有することは、従業員をはじめとするステークホルダーのエンゲージメントを高め、組織の創造力の向上につながる。そして、それがさらなるネットワーク効果を生み、ヒト、モノ、カネ、データ、チエがより集まりやすくなることで、創造力がさらに高まるという好循環を生む。

みずからの組織を「生きた存在意義」を生む場へと進化させられるかどうか。デジタル化による環境変化が加速し、好況期からの転換点を迎えつつある中で生き残るためには、その重要性が問われているといえるのではないか。

WHYの発信が重要性を増す2つの潮流

経営環境の変化に加えて、WHYを発信することの重要性を後押しする、2つの潮流がある。1つは、ミレニアル世代の台頭、もう1つが、機関投資家の意識の変化である。

ミレニアル世代は生まれた時からインターネットと接しており、GAFAのように社会変革を実現してきた21世紀型組織こそ身近な存在である。彼らは金銭的なインセンティブ以上に、その組織で何を達成できるかを重視する。そのため組織の仕組みで縛り付けるのではなく、存在意義に共鳴してもらうことで呼び込む考え方が主軸になる。2025年にはミレニアル世代が世界の労働人口の75%を占めるといわれており、人材として、消費者として支援してもらうためにも、自分たちのWHYを訴えかけることが欠かせない。

また、金融市場の動向に目を向けると、2016年の調査で、環境(environment)、社会(social)、企業統治(governance)を重視するESG投資の割合が全体の25%を超えたという。国連が掲げた2030年までに達成すべき「持続可能な開発目標」(SDGs)も注目を浴びている。それらの実現を目指す企業は結果的に、長期投資を重視する機関投資家から投資を受けやすい環境が整ってきた。株主利益の最大化という単一指標で計られていた投資の基準が、その企業がいかなる社会的意義を果たすのかへとシフトしつつある。

【注】

（1）シンギュラリティ大学は、シンギュラリティの概念を提唱した科学者のレイ・カーツワイルと、Xプライズ財団CEOのピーター・ディアマンディスが発起人となって創設した、教育インキュベーション機関である。技術進化のスピードが上がり、ビジネスインフラのデジタル化が進む環境の中で、人類はどのように思考のOSをアップデートしていくべきかという課題意識の下、エクスポネンシャル（exponential：等比級数的）という概念に基づき、10億人規模の課題をテクノロジーの横断型な組み合わせにより解決することを実現すべく、実践を通じてその方法論を提示している。

（2）Tesla's mission is to accelerate the world's transition to sustainable energy.

第3章

パーパス・ドリブンの組織をつくる8つのステップ

ミシガン大学 ロススクール・オブ・ビジネス 名誉教授
ロバート E. クイン
セントルイス・ワシントン大学 オーリン・ビジネススクール 教授
アンジャン V. セイカー

"Creating a Purpose-Driven Organization,"
Harvard Business Review, July-August 2018.
邦訳『DIAMONDハーバード・ビジネス・レビュー』2019年3月号

ロバート E. クイン
（Robert E. Quinn）
ミシガン大学ロススクール・オブ・ビジネスの名誉教授で、同スクールのポジティブ組織研究センターの共同設立者。

アンジャン V. セイカー
（Anjan V. Thakor）
セントルイス・ワシントン大学オーリン・ビジネススクールで、金融学ジョン E. サイモン記念教授と博士課程のディレクターを務める。

パーパスが従業員にもたらす効果

ジェラード・アンダーソンがＤＴＥエナジーの社長に就任した時点では、組織が高次の、いわゆるパーパスを持つことの威力を信じていなかった。

ここで言っているのは、企業がいかに経済的価値を創出していくかに焦点を当てた、明確なミッションがあるかという話ではない。ＤＴＥにもミッションは存在し、株主のために長期的な利益を生み出すという目標が設定されており、アンダーソンもその重要性を理解していた。

パーパスとは、経済的なやり取りとは関係なく、もっと崇高な何かを反映したものだ。組織と関わる人がどのように価値を生み出していくかを説明し、彼らに意義を見出させ、支持を引き出す。しかし我々が調査の一環でインタビューしたリーダーの多くと同様に、就任直後のアンダーソンは、その重要性に懐疑的だった。主に経済面から同社を理解していた彼にとって、パーパスという概念はしっくりとこなかったのである。

しかし２００８年に大不況が発生し、ＤＴＥの従業員たちをこれまで以上に仕事に集中させなければならないと考えた。金融危機が起こる前から、意識調査に表れる従業員のエンゲージメントレベルはあまり高くなかった。昔からよくある問題だが、同社の従業員は古臭い行動様式に囚われているように見えた。せっかくの知性や創造力を仕事に活かしておらず、ポテンシャルを十分に発揮していなかった。より献身的な従業員を必要としていたが、どうすればよいかがわからなかった。

そんな時、アンダーソンは、DTEの取締役会メンバーの1人で、当時USAAのCEOだったジョー・ロブレスに、USAAのコールセンターに招待された。アンダーソンは一般的なコールセンターの文化をよく知っており、多分に漏れずスタッフがおざなりに作業をこなしているのだろうと考えた。

ところが彼が目にしたのは、従業員たちが前向きな姿勢で仕事に全力で取り組み、顧客のために力を合わせて奮闘する姿だった。なぜこんなことができるのかとアンダーソンが問うと、ロブレスは、リーダーの一番重要な仕事は「人々とパーパスを結び付けることだ」と答えた。ロブレスによると、USAAでは全従業員が4日間の集中的な文化オリエンテーションに参加する。そして、国のために類稀な貢献をした人々——軍関係者とその家族——のために、みずからも類稀なサービスを提供すると誓約する。同社の従業員が2万人を超えることを考えると、この研修は生半可な投資ではない。研修の内容はタウンホールミーティングやその他のフォーラムで繰り返し強調され、そうした機会にあらゆる職位の従業員たちが、パーパスの達成方法について質問したり、アイデアを共有したりするという。

大不況を経験する前のアンダーソンなら、パーパスに関するロブレスの主張を、単純な机上の空論だと一蹴したかもしれない。しかし、自社を成長させる方法を見出そうとして行き詰まり、経営の基本的な前提を見直していたことから、この意見を聞き入れた。

デトロイトのＤＴＥ本社に戻ったアンダーソンは、従業員のパーパスを明確にする動画を作成した（このアイデアもロブレスから得た）。動画にはＤＴＥのトラック運転手、発電所作業員、本社のリーダーなど、仕事に励むたくさんの従業員が登場し、彼らの仕事がコミュニティの人々――ＤＴＥが生み出す電力を必要とする工場労働者、教師、医師など――の幸福に与えるインパクトが描かれた。

この動画を最初に見た専門職の従業員たちは、立ち上がって拍手を送った。労働組合のメンバーに見せたところ、感動して涙を流す者もいた。それまで、社会全体の利益を支える貴重な貢献という視点で彼らの仕事が描かれたことは、一度もなかったのだ。この動画は、ＤＴＥが新たに掲げた「地域社会の血液、そして発展の原動力である電力で、私たちは貢献する」という宣言に命を吹き込むものになった。

次に起きたことはもっと重要だった。同社のリーダーたちがこのパーパスを真剣に支持し、新人教育や研修プログラム、社内のミーティング、文化を育む活動（映画祭や音楽祭）に組み込んだのだ。そして従業員たちが、これを信頼できるものと判断したことで、変革が始まった。エンゲージメントのスコアが上昇し、同社は5年連続で「ギャラップ・グレート・ワークプレース・アワード」を受賞した。そして業績にも同様の変化があった。DTEの株価は2008年末から2017年末までに、3倍以上に上昇したのである。

他のてこ入れ策がうまくいかなかったのに、なぜこれほどの効果が上がったのだろうか。アンダーソンはそれまでに研修の実施や報酬制度の変更、管理職による監視の強化といった施策で状況改善を図ったが、満足な結果は出ていなかった。つまりアンダーソンのアプローチに問題があり、従業員は悪くなかったのだ。

これは受け入れがたい現実だった。もしあなたが、多くの企業幹部がそうしているように従来の経済的論理を取り入れ、従業員を自分の利益のために行動するものと見なし、組織のプラクティスや文化をそれに合わせて設計したとしても、期待した成果が出ないのだ。

そこであなたは選択を迫られる。より幅広く厳しく管理すれば期待するインパクトが得られるはずだという前提に立ち、あくまでもこのアプローチに賭けるか。それとも、ビジネスの利益と重なり合って意思決定の指針になるような、信頼できるパーパスの下に組織をまとめていくか。もし後者でうまくいけば、あなたの会社の従業員は、新たな物事に挑戦し、深く学習し、リスクを恐れず、目覚ましい貢献をするようになるだろう。

多くの企業幹部は自社のパーパスについて考えることを避ける。なぜかといえば、彼らがビジネススクールで学び、その後おそらく体感してきたこと――労働は基本的に契約であり、被雇用者は個人的なコストや労力を最小化しようとする――に反するからだ。

この前提が必ずしも誤っているわけではなく、実際に多くの場面においてある程度は説明がつくものである。しかし結局のところ、この前提は自己実現的予言でもある。マネジャーが従業員をそのような目で見ているからこそ、予期した通りの問題が発生するのだ。

従業員は基本的に、契約書に書かれた報酬とみずからに行使される指揮管理権に応じて行動することを選ぶ。その結果、彼らは機会を見出せないだけでなく、対立を経験し、フィードバックを受け入れず、業務成績が上がらず、個人としても成長しない。

そこでマネジャーは、従業員についての例の前提が有効だという信念の下、指揮管理をさらに強め、いっそう外発的報酬に頼る。すると従業員は、その報酬の達成ばかりを目指して視野が狭くなり、一般的には、測定しづらく見過ごされがちな活動――部下の指導やベストプラクティスの共有など――が犠牲になる。組織全体の価値観や目標という言葉は空虚に響くようになる。従業員は、やらなければならないことしかやらない。その結果、業務成績はやはり期待に届かず、マネジャーはさらに締め付けを強くする。

本稿では、マネジャーがこの悪循環を断ち切る際に役立つフレームワークを提示する。我々は、数百の企業でのコンサルティング業務や独自の調査（何十人ものリーダーを対象にした大がかりなインタビューや、理論モデルの開発を含む）を行い、信頼できるパーパスが事業戦略や意思決定に浸透した時に、個人の利益と全体の利益が一つになるということを理解した。同僚間のポジティブなプレッシャーが生まれ、従業員は元気を取り戻す。コラボレーションが活発になり、学習が加速し、業績が向上する。本稿では多様な企業の例を挙げながら、このような出来事があなたの企業でも起こるようにする方法を考察する。

実現に向けた8つのステップ

組織がパーパスを掲げる時、たいていその背後には、リーダーが危機に瀕して、モチベーションや成果に関する従来の前提の見直しや、新たなアプローチの実験を迫られているものだ。しかし、そんな切迫した状況を待つ必要はない。

我々が開発したフレームワークは、追い詰められていない状況でも、パーパス・ドリブンの組織を構築する一助となる。次の8つのステップを踏むことで、パーパスを活用する時の最大の壁――従業員のモチベーションが「取引」で決まると考えるシニカルな見方――を克服することが可能だ。

①触発された従業員の姿を想像する

経済学者によれば、雇用者は皆「プリンシパル―エージェント問題」に直面する。これは組織と労働者の関係を表す標準的な経済モデルで、基本的な考え方は次の通りだ。

プリンシパル（雇用者）とエージェント（被雇用者）は労働契約を結ぶ。エージェントは努力を避けようとする性質がある。エージェントは、ある一定額の金と引き換えにある一定量の労働を提供するが、それ以上の労働はしない。努力は個人にとってコストであるため、プリンシパルが契約上のインセンティブを与え、管理システムを準備して対策を講じない限り、エージェントは全力で努力しようとはしない。

しかし、このモデルは仕事に全力で取り組む労働者の存在を考慮していない。この論理ではアンダーソンがUSAAで目にした光景は起こりえない。そのような成果を望むのは馬鹿げたことである。

旧来の認識を変える一つの方法が、リーダーたちに、この理論のポジティブな例外を見せることである。ディスカバリーチャンネルのリアリティ番組『突撃！　大人の職業体験』（原題

Dirty Jobs）でホストを務めるマイク・ロウがハンプトン・インでの体験を書いた、2015年7月のブログを見てみよう。

今朝、〝飛行機から飛び降りる〟ためにホテルを出ようとすると、廊下に誰かの体の一部が見えていた。はしごの上に足だけが乗っていて、体の残りの部分は天井裏に入り込んでいる。

私は彼に自己紹介をし、何をしているのかと尋ねた。私の持ち前の好奇心を満たすついでに、特に急ぎではない重力との対面を遅らせるいい口実になりそうだった。彼はコーリー・マンドルという名で、私たちはさっそく話し始めた。

「マイク、ここが問題なんだ。私の配管にひびが入って、私の湯が、私の洗濯室に漏れてしまっている。お客さんが気づく前に、湯を止めて、私の新しい管に取り替えなくては」

手を貸そうかと言うと、彼はそんなにダーティな仕事じゃないと答え、2人で笑い合った。コーリーが写真を撮ってもいいかと聞くので、私は、もちろんだ、ただ君の写真も撮らせてくれと答えた。なぜ自分の写真がほしいのかと聞くので、私は代名詞の使い方が気に入ったからだと答えた。

「自分の仕事に対する話しぶりがいい。『この』湯ではなく『私の』湯、『この』洗濯室ではなくて『私の』洗濯室。『ある』新しい管ではなくて『私の』新しい管。自分の仕事をそんなふうに話す人は少ない。自分のものとして考えていない人がほとんどだ」

コーリーは肩をすくめて言った。「これは『ある』仕事ではなくて、『私の』仕事だ。この仕事ができて幸せだし、自分がやることすべてに誇りを持っている」

コーリーは知る由もなかったが、彼の言葉のおかげで、その日の私の仕事は少し楽になった。なぜならその3時間後、勇気を振り絞って飛行機から飛び降りようとしていた私の頭にあったのは、「その」パラシュートの「その」リップコード（パラシュートを開くひも）ではなく、「私の」パラシュートの「私の」リップコードを引くことだったのだから。

コーリー・マンドルはパーパスに導かれた従業員だ。典型的な「エージェント」なら労力を最小限にしようとするところだが、彼は自分の仕事に所有者意識を持っている。重要なのは、彼のような人々が存在するという事実である。

我々が企業幹部に、組織にパーパスを導入する方法を指導する時によく話すのが、「現実にあるなら実現できる」ということである。もし一つでもポジティブな事例（標準を上回る人物、チーム、部門）が存在するなら、そうではない人々を啓発することができる。卓越したものを探し、その原動力となっているパーパスを調べよう。そして、それが従業員全体に浸透した状態を想像しよう。

②パーパスを見つけ出す

我々は以前、ある世界的な石油会社で、組織のパーパスを定義するというCEOの命令を受けたタスクフォースのメンバーと会った。彼らは数カ月の努力の結晶である文書を我々に手渡した。そこにはパーパス、ミッション、一連の価値観が明記されていた。しかし我々は、この文書には何の力もないと告げた。彼らの分析や議論は、陳腐な常套句しか生み出していなかったからだ。

タスクフォースのメンバーは、従業員の心をつかむためのパーパスを、頭の中だけで生み出していた。しかし、そもそもパーパスは生み出すものではなく、すでに存在するものだ。従業員が共通して抱える最も切実なニーズを感じ、理解し、彼らに感情移入することによって見つけることができる。そのためには、たとえば議論を促すような質問をし、耳を傾け、熟考することが必要だ。

ミシガン大学教育学部の元学部長であるデボラ・ボールの例が参考になる。多くの企業と同様に、専門大学も「ミッションの漂流」に悩んでいる。ボールは組織のパーパスを明確にし、職員のフォーカス、コミットメント、コラボレーションを改善したいと考えた。

彼女は「組織について知り、それを忘れる」ために、教職員一人ひとりと面談した。多様な意見が出るだろうと予想はしていたが、実際にその通りだった。しかし同時に、驚くべき共通点も見つかった。彼女はそれを、社会にポジティブなインパクトを与えたいという同学部の強い情熱の「芽吹き始めたストーリー」と表現した。聞き取ったことを記録し、面談相手と共有し、そして相手の反応を見てストーリーを改良していった。

彼女が実行したのは単なる傾聴ツアーではなかった。大規模で規律のある反復的なプロセスだった。ボールいわく「金塊のように貴重な意見を見つけ、取り出し、不純物を除き、融合させ、継続的にフィードバックする」作業である。彼女はこのプロセスを、アジャイル開発やデザイン思考の用語を借りて「集合的創造」(collective creation)と呼んだ。

この作業を続けるうちに、社会全体に利するような同校の強みが明らかになった。たとえば同校には、世界中の教育機関の教員養成方法に影響を与えたり、教育の値頃感をめぐる課題に対処したり、少数派の人々を支援したりする力があった。ボールは、これらに焦点を当てることで、教職員の努力を一つにまとめたり、優秀な人材を集めたり、研究資金を呼び込んだりする大きなチャンスが生まれるという結論に達した。そして同校の集合的アイデンティティを決定付ける要素として、これらを強調した。

③根拠の必要性を認識する

パーパスは、いまや人気トピックの一つである。その価値を信用しないリーダーたちも、取締役会のメンバーや投資家、従業員、その他の関係者から、パーパスを示せという圧力を受けている。その結果、前出の石油会社のタスクフォースが作成したようなステートメントがつくられることがある。

企業がパーパスや価値観を発表しても、それが経営陣の行動を規定しなければ、言葉だけが虚しく響く。誰の目にも偽善が見え透いていて、従業員はますます冷めてしまう。このようなプロセスには実害があるのだ。

CEOの中には、直感的にこうした危険を理解している者もいる。たとえば、あるCEOは自社の経営陣に対し、組織は政治的なシステムであって偽善は避けられないのだから、この手の作業に取り組まないでほしいと伝えた。この発言は、重要なことを浮き彫りにしている。それは、人はみずからの利益によってのみ行動するという前提がリーダーにも当てはまり、それ以外の動機を主張するリーダーはしばしば腹黒いと見なされるということである。

そこで経営陣の1人が、「そういう現状を変えませんか。パーパスを見つけ、価値観を定め、それを誠実に実践しようではありませんか」と問いかけた。この真摯な意見がそれまでの懐疑論を打ち砕き、経営陣は前に進んだのである。

行動を規定するパーパスがどのようなものかを説明するために、金融機関の資金調達を支援する中堅投資会社、サンドラー・オニール・アンド・パートナーズの例を取り上げよう。同社はこのニッチ市場で成功しており、株主価値の最大化というごく普通の目標にフォーカスを当てていた。

しかし、2001年9月11日に悲劇が起こる。ニューヨークのワールド・トレード・センターに入居していた同社は、テロリストの攻撃をまともに受けた。ただちに幹部チームの指揮を執ったジェームズ・J・ダンは、最高幹部2人を含む従業員の3分の2以上が死亡し、物理的なインフラが壊滅したことを知った。コンピュータや顧客記録の多くもまた失われた。

危機的状況が明らかになり、事業に集中しなければならない極めて困難な状況ではあったが、ダンは犠牲になったすべての従業員の葬儀にサンドラーのパートナーを参列させることを決めた。これは、彼自身も多くの葬儀に参列することを意味した。そして多くの深い悲しみを目の当たりにしたことにより、彼は、顧客を満足させて株主価値を生み出すことだけではなく、従業員を価値ある1人の人間として扱うことも自社のパーパスだと考えるようになった。

これをきっかけに、彼はいくつかの点で慣習からかけ離れた行動を取った。たとえば、死亡した従業員全員の家族に２００１年12月31日まで給料とボーナスを支払い続けるようＣＦＯに指示したうえで、２００２年を通して継続できないかと尋ねた。ＣＦＯは、会社は存続できるかもしれないが、実行すればパートナーに対する受託者責任に反する可能性が生じると答えた。そこで同社はパートナーたちに、持ち株を額面価格で買い取ることを提案した。それに応じた者は１人もいなかった。

パーパスが信頼できるものであれば、誰もが理解する。すべての意思決定の原動力となり、サンドラーが死亡した従業員の家族に給料を支払ったように、他社のなしえないことが実行されるからだ。

ダンによれば、企業のパーパスや価値観は、物事がうまくいかない時にしばしば見つかるものである。そして困難な時期にリーダーが何をするかによって、その企業の本質が明らかになる。「人は、どれだけのものを与えたかではなく、与えた後にどれだけのものを残したかで判断される」とダンは述べている。

④信頼できるメッセージを一貫性のあるメッセージに変換する

我々がある世界的な専門サービス企業のＣＥＯと、パーパス・ドリブンの組織のつくり方について議論した時、彼が最初に発した質問は「いつまでに終わるでしょうか」だった。

我々はその答えとして、1年がかりで改革を実行した、ある建設会社のCEOの話をした。そのCEOは、我々に計画書を見せて意見を求めた。我々は、Aマイナスと評価した。なぜAではなかったのだろうか。

このCEOは1年をかけて何度もスピーチを行い、やるべきことは終わったと考えた。しかしその時、従業員たちはようやくCEOのメッセージに耳を傾け始めたところだったのである。CEOは在任期間中、継続して組織のパーパスを明確に伝え続ける必要があった。この話を聞いて、くだんのCEOは椅子に深く体を沈めた。

対照的に、バンク・オブ・アメリカで最近まで米国コンシューマー事業のトップを務めたトニー・メオラは、パーパスに関する取り組みが長期戦になることを理解していた。彼によると、この取り組みを極めて過酷なものにする要素の一つが、組織の進行方向を変える作業に含まれる――そして既存の文化がその動きを妨げる――ことである。既存の文化の延長線上にいるマネジャーたちもまた、結局は変化に抵抗する。その他、組織の複雑性や対立する要求事項も変化の妨げとなる。

メオラは、「業務の卓越性（オペレーショナル・エクセレンス）を目的地として、そこから逸脱させようとするすべての圧力を退ける」という事業部のパーパスを明確にすることで、これらの障害を乗り越えた。彼は、従業員の訓練や育成において業務スキルとリーダーシップを強調した。そして常に「これで我々の業務は改善するか」と問いかけ、チームで発生するあらゆる対話、判断、問題にこの意識を浸透させた。

「このように一貫性を保って、絶対にぶれなければ、素晴らしいことが起こる。パーパスが集合的良心に染み込む。文化が変わり、組織がより高いレベルで機能し始める。プロセスの実行や維持がよりシンプルで簡単になる。プロセスがばらついて効率の悪さを助長する応急処置の代わりに、永続的な解決策をみんなが求めるようになる」

このような考え方を取り入れるということは、それに沿わないすべての物事に「ノー」を突き付けることを意味する。

たとえば、メオラの事業部のコールセンターではかつて、顧客の問題をより迅速かつ効果的に解決する目的で、テクノロジーと人材に投じるリソースを増やそうという提案が出されたことがあった。

しかしこの計画は却下された。マネジャーと従業員が、その投資によって業務改善が可能かどうかを、掲げられたパーパスをフィルターにして検討したところ、答えはノーだったのだ。同社にとって本当に必要だったのは、むしろコールセンターへの問い合わせの原因となる不備をなくすために、業務自体を改善する方法を検討することだった。

メオラのようにリーダーが信頼性と一貫性をもってパーパスを伝えるようになると、従業員はそのリーダーの真剣さを理解し、その意義を信じるようになって、新しい方向に動き出す。変化は上からの合図によって、下から展開するのである。

⑤個人の学びを奨励する

従来の経済論理は外発的報酬に依存する傾向がある。しかしパーパスを採用するリーダーは、学習と成長が強力な報酬だと気づく。従業員たちは心から、考えたい、学びたい、成長したいと思っているのだ。

セントルイスを拠点とする非営利団体ザ・ミッション・コンティニューズのパーパスは、退役傷痍《しょうい》軍人のリハビリと社会復帰である。同団体の新規採用者には、大量の仕事が割り当てられる。これは、リーダーが誰かに試練を与えるのは、その人物の潜在能力を信じている証だという哲学に基づいている。この仕事が学習と成長を促すインキュベーターとなり、スタッフはその中で自信をつけて、組織とそれを動かすパーパスのためにいっそう力を尽くすようになるのだ。

同団体のリーダーは、パーパスと学習プロセスの関連性を理解できるよう支援し、強化させている。スタッフたちは、この関連性について何度も考えることを求められており、2週間ごとに自身のパーパス、強み、成長を説明する文書を作成する。ただし、経験することも学習することも変わるため、同じ内容の繰り返しにはならない。

この手法は、効果的なリーダーシップ開発のアプローチと一致する。現代の組織では、新しい経験をすることは比較的容易であるが、深く考えることは、そう簡単なものとはいえないのである。

ザ・ミッション・コンティニューズのスタッフは、順応力を発揮し、先を見越して行動するようになった。パーパスを理解し、それによって自分がいかによい方向に変わったかを自覚しているため、リーダーの指揮管理が必要な場面は減少している。

このはっきりとした方向感覚は、軍で言う「司令官の意図」に例えてもよい。兵士が司令官の戦略目的を知り、自分のものにしていれば、たとえ司令官がその場にいなくても作戦を遂行できる。

そのためにはもちろん、従業員が現場の情報を活用して率先して動けるように、リーダーが組織のパーパスを最大限明確に伝えなければならない。ビジネススクール教授のクラウディン・ガーテンバーグ、アンドレア・プラット、ジョージ・セラフェイムの研究は、このことが営利企業においても重要であることを示した。これは何も、非営利団体に限った話ではないのである。

⑥中間管理職をパーパス主導のリーダーに変える

インスパイアされた献身的な労働力を確保するためには、組織のパーパスを知っているだけでなく、それを自分のものとして深く理解し、道徳的な力で人々を率いることができる中間管理職が必要だ。これは一般的な中間管理職の役割をはるかに超える要求だ。

四大会計事務所の一角で、数千人のパートナーを擁するKPMGの例を見てみよう。何十年もの間、同社のパートナーたちのリーダーシップのアプローチは、さながら会計処理のようだった。注意深く観察し、正確に評価し、慎重に判断を下す。それが、トップが定めた文化の基調だったのだ。上級リーダーたちは情熱的に理想を語りたいなどとは考えず、パートナーたちも同じだった。その結果、どの職位の従業員にも安全で漸進的な改善策しか取らない傾向が見られた。

しかしその後、KPMGは変貌を遂げ、パーパスという考え方を追求し始めた。KPMGの歴史を振り返ったリーダーたちは、同社が世界史の重要な出来事に何度も重大な貢献をしてきたことに驚いた。そして従業員との面談を数百回行い、それを分析した結果、KPMGのパーパスはクライアントを支援して「社会に信頼を、変革に力を」与えることだという結論に行き着いた。

この言葉は社内に畏怖の念を巻き起こしたが、最高幹部たちはこれをマーケティングのスローガンにしたくなる誘惑を退けた。代わりに、社内すべてのリーダーやマネジャーをパーパスに結び付ける作業を開始した。

最初に行ったのは、最高幹部らがみずからの意識や意義を率直に語ることだった。この活動のインパクトを確認した彼らは、パートナーたちにも同じように自分の言葉で語らせる必要があると考えた。

上級経営陣がパートナーたちにこの見解を伝えたところ、受け入れはしたものの、達成するための準備ができていないという意見が上がってきた。そこで、パートナーが各自の自己認識や仕事上のパーパスについて説得力のあるストーリーを伝えられるように訓練する、新しいタイプの研修に投資した。

この研修内容を応用することは簡単ではなく、投資、不動産、税務、リスクコンサルティングなどを担当する専門家たちにとっては非常に高いハードルだった。しかし文化は確実に変化した。現在ではパートナーが各自のパーパスをチームに伝え、どのように仕事や組織の存在理由と結び付けるかを議論する。

こうして彼らは、自分のもろい部分と揺るがない部分をさらけ出して手本を示すという、これまで中間管理職に期待されることのなかった形のリーダーシップを発揮している。

⑦従業員をパーパスに結び付ける

トップのリーダーと中間管理職が組織のパーパスを自分のものにしたら、次は前線の従業員たちをサポートし、日常業務とどのように結び付くかを理解させなければならない。

しかしこれは、トップダウンの命令ではうまくいかない。従業員の力をこのプロセスの推進力にする必要がある。そうすることで、パーパスが文化に浸透する可能性が高まり、たとえ従業員の働きぶりをマネジャーが現場で監視していなくても、しかるべき行動が形づくられるからである。

これについても、格好の例になるのがKPMGである。同社は従業員に、自分が価値を生み出していく方法を説明し合うことを奨励した。これが発展して「一万ストーリーチャレンジ」という素晴らしいプログラムが始まった。従業員は使いやすい設計のアプリケーションを使って「あなたはKPMGで何をしていますか」という問いに答え、各自の情熱を言葉にして組織のパーパスに結び付け、ポスターを作成する。

参加した従業員は、ポスターにパーパス・ドリブンなタイトルをつけ（たとえば「私はテロリズムと戦っている」）、その下にわかりやすい説明を加えた（たとえば「KPMGは多数の金融機関のマネーロンダリング防止策を支援し、金融資産がテロリストや犯罪者の手に渡ることを防いでいます」）。そして、説明の下に従業員の写真を載せた。すべてのポスターには、先述のスローガンが刷り込まれた。

2014年6月、同社のリーダーは、作成したポスターが感謝祭までに1万枚に達したら、休暇を2日間追加すると通達した。従業員たちは1カ月も経たないうちに目標をクリアした。ところが、休暇というほうびが得られた後も、取り組みはどんどん広がった。結局、2万7000人が参加して、計4万2000枚のポスターが作成された（一部の従業員は複数枚を作成した。チーム単位でも作成された）。KPMGは、従業員が自分と全体のパーパスを重ね合わせられるよう後押しする、素晴らしい方法を見つけたのだ。

全社を挙げた変革がひとたび従業員に浸透すると、意識調査には、仕事に対する従業員のプライドの高まりが表れるようになった。エンゲージメントのスコアは過去最高水準に上昇した。フォーチュンが発表する2017年版「最高の職場100社」ランキングでは前年から31ランク上昇して12位を獲得し、四大会計事務所の中でトップに立った。採用活動の成果が上がり、離職率の低下とともにコストも低下した。

⑧ポジティブ・エネジャイザーを活躍させる

どの組織にも、ふだん活用されていないチェンジエージェント（変革の促進役）候補がいる。我々はこうした人材を引っくるめて、ポジティブ・エネジャイザー（周囲に前向きなエネルギーを与える人）のネットワークと呼んでいる。

楽観的な性格を持ち、成熟していて、パーパス・ドリブンなタイプの人材、すなわちハンプトン・インのコーリー・マンドルのような人々は、組織のあちこちに不規則に存在する。彼らは自然に周囲を感化する力がある。オープンな性格で、率先して行動する。このような人材の協力が得られれば、変革のあらゆる段階で支えになる。彼らを見つけることは簡単で、周りは彼らを信頼している。

我々は、プルデンシャル・リタイアメント、ケリーサービス、DTEエナジーなど多くの組織でこのようなネットワークの立ち上げを支援してきた。

通常は、上級リーダーが初回のミーティングにネットワークのメンバーを招待し、変革プロセスの企画と実行に参加することを求める。すると数分後には、彼らはそれを受け入れる。そして定期的なミーティングの予定が組まれる。エネジャイザーは持ち場に帰り、アイデアを広め、フィードバックや新しいアイデアとともに戻ってくる。彼らは率先してありのままを語り、先入観に率直な疑問を投げかける。

そして多くの場合、メリットはほかにもある。それを物語るのが、ある大手専門サービス企業の人事担当ディレクターの経験である。彼女は社内でポジティブ・エネジャイザーのネットワークの構築を終えると、大変なことになった、と我々に電話をかけてきた。招集した人たちの好奇心やコミットメントの強さに、いい意味で圧倒されたというのだ。

彼らは素晴らしい〝資源〟であるにもかかわらず、それまでまったく認知されていなかった。ディレクターに劣らないほど組織のパーパスを尊重し、同僚たちに受け入れさせた。「もう私は孤独ではありません」と彼女は語った。

＊　＊　＊

パーパスは経済的利益を保証するものではないが、我々は多くの組織で見事な成果を目にしてきた。その他の調査、特にガーテンバーグらによる研究――499社の50万人が参加し、2006〜2011年の917事業年度相当を調査――も、パーパスを明確に伝えた場合に、当座の業績（総資産利益率）と将来の業績（トービンのqや株式収益率）の両方に、プラスのインパクトがあることを示唆している。

つまり、パーパスはただの高邁な理想ではなく、企業の財務の健全性や競争力にも実際的な影響を与えるのである。仕事の意味を見出した従業員は、活力やひたむきさを内に秘めてはいられない。従来の経済理論の自己本位性の前提に逆らって、見返りを求めずに努力する。彼らの成長は、留まることなく伸びていく。そして、より多くの仕事をより高度にこなす。

このパワーをうまく活用することで、組織全体を変革することができるのだ。

第4章

組織の「やり抜く力」を高める

プレス・ゲイニー 最高メディカル責任者
トーマス H. リー
ペンシルバニア大学 教授
アンジェラ L. ダックワース

"Organizational Grit,"
Harvard Business Review, September-October 2018.
邦訳『DIAMONDハーバード・ビジネス・レビュー』2019年3月号

トーマス H. リー
(Thomas H. Lee)
プレス・ゲイニーの最高メディカル責任者。開業内科医で、ハーバード・メディカルスクール非常勤教授(内科学)、ハーバード T.H. チャン公衆衛生大学院教授(健康政策・管理)を務める。

アンジェラ L. ダックワース
(Angela L. Duckworth)
ペンシルバニア大学クリストファー H. ブラウン記念特別教授(心理学)。キャラクターラボの創設者で CEO。著書に *Grit: The Power of Passion and Perseverance*, Scribner, 2016.(邦訳『やり抜く力 GRIT(グリット)』ダイヤモンド社、2016 年)がある。

組織全体で「やり抜く力」を発揮する

優れた功績を上げる人々は、並外れたスタミナを持ち合わせている。たとえすでにトップスピードで走っていても、彼らはさらなる改善を目指し、たゆまず努力する。たとえ仕事で犠牲を強いられても、自分の仕事を愛する気持ちは変わらない。たとえ安易な道が手招きしても、彼らの決意は揺らがない。こうしたさまざまな強さを見事に兼ね備えていることを、筆者たちは「やり抜く力《グリット》」があると表現する。

やり抜く力を見れば、困難な目標を達成する者を予測できる。たとえば、陸軍士官学校が実施した調査によると、士官候補生が訓練に耐え切れるかどうかを判断する材料として適切だったのは、学力試験の点数や運動能力よりも、やり抜く力だった。

やり抜く力を見れば、高校や大学を卒業する可能性や、営業職のようなストレスフルな仕事での業績を予測できる。筆者たちはまた、非常に要求の厳しい多くの分野で、経営トップに上り詰める時にも、やり抜く力がそれを後押しすると確信している。

医療の分野では長らく、患者たちは個々の医師や看護師のやり抜く力を頼みにしてきた。しかし現代医学において、高度な医療を施す仕事は複雑化しており、どれほど情熱にあふれた医師でも、一人ですべてを行うことはできない。今日の優れた医療には、優れたコラボレーション、すなわち、改善のためにたゆまず努力する臨床医で構成される、やり抜く力を持ったチームが不可欠だ。しかし、必要なのはそれだけではなく、医療機関は医療提供者全体で、やり抜く力を発揮しなければならない。

本稿は、臨床医および医療業界のリーダーとして、リーが積み重ねてきた数十年の経験と、やり抜く力に関するダックワースの基礎研究に基づいて、個人レベルの心理学的研究と、企業や医療業界の文化に対する現代的な視点を融合させたものである。

これから紹介するように、メイヨー・クリニックやクリーブランド・クリニックが体現する、やり抜く力を主眼とした医療現場の新たなモデルでは、患者の幸せを願う情熱と、その目標を達成するための粘り強さが、個人、チーム、組織レベルの規範として浸透している。医療業界には多くの優秀な人材が集まり、チームワークに多くを依存する環境であることから、組織的なやり抜く力の例を見つけるには絶好の場だ。

とはいえ、これから本稿で概説する原則は、もちろん他の事業セクターにも応用できるものである。

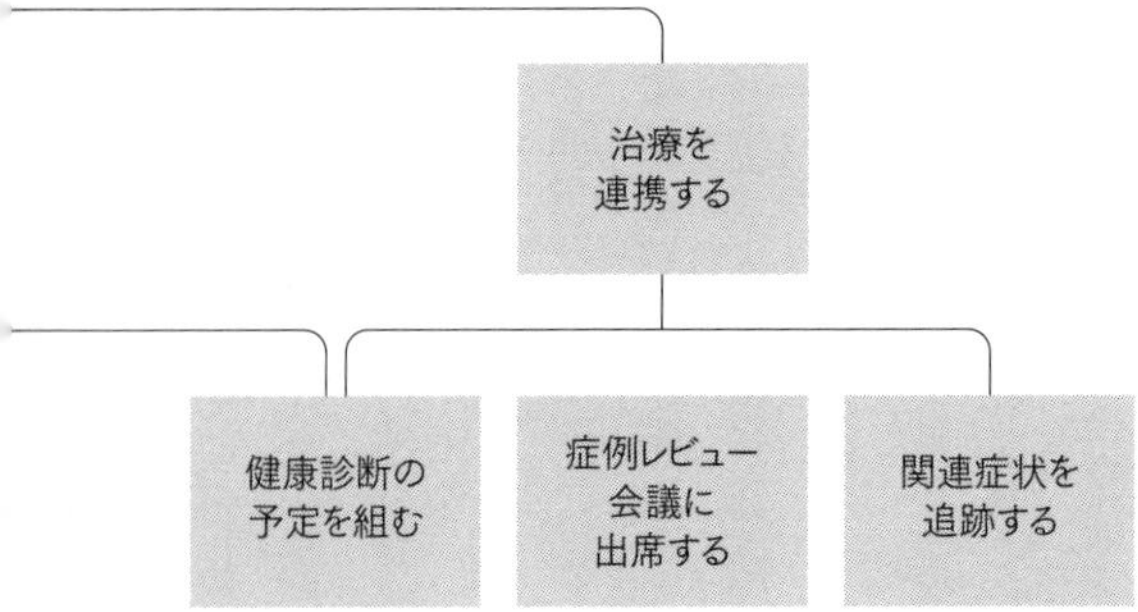

個人の育成

やり抜く力を持つ文化をリーダーが形成する時の第一歩は、やり抜く力のある個人の選抜と育成である。組織として、どのような点に目をつけるべきだろうか。やり抜く力は、情熱と粘り強さという2つの重要な要素でできている。情熱は、自分の仕事に対して湧き上がる興味や、自分の仕事は有意義で人の役に立つという確信であるパーパスから生まれるものである。そして粘り強さは、逆境に直面した時の回復力や、持続

図4-1｜循環器系医師の目標ピラミッド

この単純化した図では、差し迫った具体的な目標が下段に並んでいる。これらが一つ上のより大きな目標を支えている。そしてそれらが、意義と方向性を与える包括的な最重要目標を支えている。

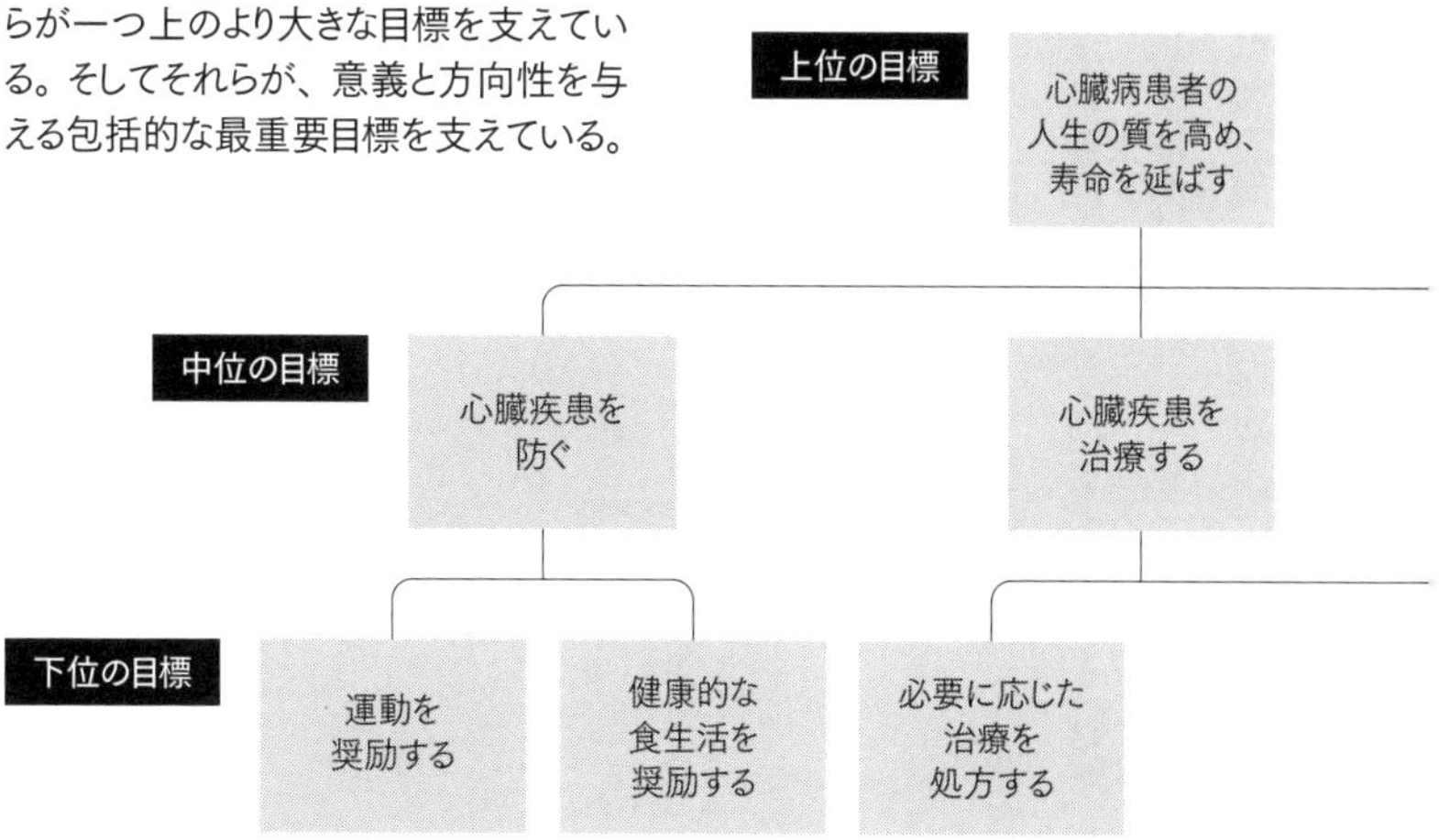

的な改善にひたむきに打ち込む力に表れる。

やり抜く力を備えた人物の特徴である一意専心の姿勢を実践するには、整然としたピラミッド型の目標が必要である。たとえば、循環器系の医師の場合、次のようなピラミッドが考えられる（図４－１「循環器系医師の目標ピラミッド」を参照）。

一番下には、「症例レビュー会議への出席」など、短期的なＴｏＤｏリストの個々のタスクが並ぶだろう。これらの下位の目標は目標達成のための手段であり、たとえば「他の専門医やチームメンバーと連携して患者の治療に当たること」のような、この医師の中位の目標達成を支えるものである。最上位には、たとえば「患者の人生の質を高め、寿命を延ばすこと」のように、もっと抽象的で包括的で重要な目標が来る。

このような大きな目標が、やり抜く力のある人々のすべての行動に、意義と方向性を与えるのである。これと比べると、やり抜く力が劣る人の目標ピラミッドは一貫性が欠けていて、しばしば各層の目標の間に多くの矛盾が見受けられる。

ここで気をつけなければならないのは、やり抜く力のある人たちを集めても、やり抜く力のある組織ができあがるとは限らないということだ。それどころか、意欲的な人たちがばらばらに各自の情熱を追求して、まとまりのない集団になる可能性すらある。全員の目標が調整されていなければ、やり抜く力のある文化にはならない。そしてこれから詳しく議論するように、この調整には努力が必要である。

メイヨー・クリニックの例を見てみよう。同病院は、顧客のニーズを第一に考えるという最上位の目標に、しっかりとコミットしている。ミッションステートメントにもこの目標を掲げ、採用活動を通してこれを着実に強化している。同病院が外部の医師を採用する場合、採用候補者が実務や指導を行う様子を2、3日かけて観察し、彼らの持つスキルだけではなく価値観、特に患者中心の使命感を持っているかどうかを評価する。そして新規に採用された医師は、3年間の評価期間を過ごす。この期間内に求められる才能ややり抜く力を示し、目標を調整することができて初めて、正式な任用が検討されるのである。

やり抜く力を条件にして採用するには、どうすればよいのだろうか。アンケートは調査や自己評価の方法として有効だが（図4－2「やり抜く力を測定する」を参照）、作為的に回答することが容易なため、採用ツールとして用いることは推奨しない。

その代わりに筆者たちが推奨するのは、候補者の過去の実績を丹念に調べることである。具体的には、頻繁な水平移動（専門分野を移るなど）ではなく、何年もかけて打ち込んだ仕事や、客観的な進歩、達成の証拠を探すとよい。また推薦人に確認を取る時に、その候補者が過去に失敗から立ち直ったこと、予期せぬ障害に柔軟に対処したこと、持続的な自己改善を習慣にしていたことを示す証拠を聞き取るとよい。そして何よりも、その人物が個人を超えた大きなパーパスに突き動かされていて、それがあなたの会社のミッションと通じているという証を探すことである。

やり抜く力にあふれた他の組織と同様に、メイヨー・クリニックも人材の大半を内部で育成している。たとえば、ミネソタ州ロチェスターの本部で採用される医師の半数以上が、メイヨー医科大学や同病院の研修プログラムの出身者である。同病院のリーダーの一人に話を聞くと、これらのプログラムは「8年間の就職面接」という位置付けだという。そしてメイヨー・クリニックもクリーブランド・クリニックも、他の地域に進出する時には、文化的に適合しない可

図4-2｜やり抜く力を測定する

以下の質問に答え、点数を集計して10で割ると、自分のやり抜く力を米国人の成人5000人以上のデータと比較することができる。深く考えすぎたり「正しい」答えを当てようとしたりしないこと。正直に答えれば答えるほど、正確な結果が出る（その場でスコアが出るオンライン版テストはangeladuckworth.com/grit-scale/を参照のこと）。

	質問	まったく当てはまらない				非常に当てはまる
1	新しいアイデアやプロジェクトが出てくると、そちらに気を取られてしまうことがある。	5	4	3	2	1
2	私は挫折をしてもめげない。簡単には諦めない。	1	2	3	4	5
3	目標を設定しても、後で別の目標に切り変えることがよくある。	5	4	3	2	1
4	私は努力家だ。	1	2	3	4	5
5	完了まで何カ月もかかるプロジェクトに集中し続けることは難しい。	5	4	3	2	1
6	始めたことは必ずやり遂げる。	1	2	3	4	5
7	興味の対象が毎年変わる。	5	4	3	2	1
8	私は勤勉だ。絶対に諦めない。	1	2	3	4	5
9	あるアイデアやプロジェクトに夢中になっても、すぐに興味を失ってしまったことがある。	5	4	3	2	1
10	重要な課題を克服するために、挫折を乗り越えた経験がある。	1	2	3	4	5

自分の結果を以下のパーセンタイル値と照合し、やり抜く力が平均と比べて上か下かを確認しよう。スコアが4.5以上ならば、テスト回答者の90％よりも、やり抜く力が強いことになる。

やり抜く力のスコア	2.5	3.0	3.3	3.5	3.8	3.9	4.1	4.3	4.5	4.7	4.9
パーセンタイル値	10%	20%	30%	40%	50%	60%	70%	80%	90%	95%	99%

能性がある現地の医師を雇用するよりも、内部で訓練した医師を赴任させることを選ぶ。

適切な環境づくりは、組織がやり抜く力のある社員を育てることを後押しする（大人に情熱や忍耐力を植え付けるなど、甘い考えだと思われるかもしれない。しかし、性格が生涯にわたって変化し続けることを示す十分な研究結果がある）。

適切な環境には、要求と支援の両方が備わっている。そこでは、高い期待値（明確に定義され、困難ではあるが実現可能な課題）をクリアすることが求められるだろう。その一方で、リスクを取り、失敗し、学習と成長を続けていくために必要な心理的な安心感と信頼感、そして物理的なリソースが与えられるだろう。

クリーブランド・クリニックでは、医師らは1年契約で雇用され、年間専門性調査（APR）に基づいて契約更新の可否が決まる。APRにはキャリア目標に関する正式な話し合いが含まれる。同病院の3600人の医師はAPRの前に各自オンラインアセスメントを実行し、過去一年の自身の進歩を振り返るとともに、次の1年の新たな目標を提示する。そしてAPRミーティングの場で、その医師と上司が個別の目標（たとえばコミュニケーションスキルを改善する、新たな技法を習得するなど）について合意する。

次に病院から医師に、目標達成のために必要と思われる関連講座や研修が提供され、金銭的支援と「保護期間」が与えられる。そして業績連動ボーナスという形ではなく、各自の仕事ぶりに対して多数の評価基準（個々の治療の効率や患者体験など）に基づく詳細なフィードバックを与えることで、各自の改善を後押しする。その基本となる前提は、医師らは改善したいと願っているということ、そして、1年あるいはそれ以上の期間にわたろうとも目標達成を目指す彼らの努力を、組織（特に上司）が全面的にバックアップするということである。

チームの構築

やり抜く力のあるチームは総体として、やり抜く力のある個人と同じ特徴を持つ。それは懸命に努力し、学習し、向上したいという意欲。挫折した時の回復力。そして明確な優先順位とパーパスへの意識である。

医療現場のチームは、対応する患者（たとえば乳がん患者）、あるいは勤務場所（たとえば冠疾患集中治療室）ごとに構成されることが多い。やり抜く力のあるチームメンバーは、各自の目標ピラミッドを持っているかもしれないが、そこに典型的には「乳がん患者の予後の改善」など、組織の全体目標を支えるチーム固有の目標のように、チームとしての上位の目標を受け入れることになる。

チームへの献身を自律性の喪失、つまりデメリットと結び付けて考える医療従事者は多い。しかし、やり抜く力のある人々は、患者によりよい医療を提供するチャンスと考える。彼らは個人よりもチームのほうが大きな成果に到達できることを理解し、個々の力の合計を超えるものとして全体をとらえるのである。

ビジネスにおけるチームは、ますます分散的で仮想的になっているが、筆者たちが目にした中でやり抜く力が最も強い医療チームは、直接的な交流を重視している。チームメンバーは症例レビュー会議で頻繁に顔を合わせ、改善目標を定め、進捗具合を追跡する。多くの場合、新規患者一人ひとりについてチーム全体で議論する。こうした会議の場でパーパスの共有や献身性があらためて強化され、チームメンバー同士の理解が深まり、信頼感が強まっていく。これもまた、優秀なチームの特徴の一つである。

これまで医療分野の多くのリーダーが、スタンリー・マクリスタル大将の著書『TEAM OF TEAMS（チーム・オブ・チームズ）』[注1]に書かれた米国海軍特殊部隊の伝説的な6カ月の訓練を読んで、こうした知見を会得してきた。

マクリスタルによると、この訓練の目的は「スーパー軍人を生み出すことではなく、スーパーチームを構築すること」である。そして「単独で取り組む任務はほとんどない。（中略）特殊部隊のチーム編成は、詳細な命令に従う準備を整えさせることよりも、信頼感や少人数グループでの適応力を強化することを重視する」という。このような文化によって、予期せぬ障害に直面しても、チームが一貫して高度なパフォーマンスを発揮できるのだ。

共通のパーパスへの献身、持続的改善へのフォーカス、相互の信頼感という特徴はいずれも、チーム医療の標準的手法である統合型診療ユニット（ＩＰＵ）にも当てはまる。領域横断的なＩＰＵは、ある患者集団（通常は同じ疾患または関連の深い疾患の患者）に対して治療サイクル全体を提供する。ＩＰＵは的確な定義に基づいてグループ化された類似のニーズを持つ患者集団に特化するため、費用や結果に関する有意義なデータを集められる。つまりＩＰＵの生み出す価値は、測定し、最適化し、報酬を与えられる。別の言い方をすれば、ＩＰＵはみずからの向上に必要なフィードバックを得られるということである。

その最たる例の一つがカリフォルニア大学ロサンゼルス校（ＵＣＬＡ）の腎移植ＩＰＵである。１９８４年に全米臓器移植法が可決され、臓器移植手術の結果に関するデータ（1年間の成功率など）の収集と報告が義務付けられるようになった。その2年後、米国の保険システムの一つである健康維持機構（ＨＭＯ）に分類される、保険会社カイザーパーマネンテは、ＵＣＬＡに腎移植の契約交渉を持ちかけた。ＵＣＬＡが疾患エピソードごとの定額支払い（「包括払い」）を受け入れれば、カイザーパーマネンテからＵＣＬＡへの患者の紹介を増やすという内容である。

これを受け入れたUCLAは必然的に、優れた成果を達成し（そうしなければ世間的に面目を失い、患者の紹介数が減少しかねない）、効率を改善する（そうしなければ包括払いの契約条件では損失が出る）ようになった。

UCLAの腎移植チームは全米屈指の規模に成長し、その成功率（リスク調整済みの移植組織生着率と生存率）はほぼ毎年、全米指標を大きく上回った。医療の進歩と情報公開によって腎移植の成功率は全国的に向上したが、UCLAはその中でも先頭を走り続けている。

やり抜く力のある組織

やり抜く力のある個人やチームが活躍するためには、最高のチームと人材が織り成す宇宙のような組織づくりを行う文化を育てる必要がある。

つまり組織としての目標ピラミッドを明確にすることで、組織が恩恵を受けるのである。もし組織が複数のミッションを打ち出しており、それらの優先順位を決められなければ、的確な戦略的選択を行うことは難しいだろう。

皆が受け入れられないような上位の目標を掲げることも危険である。医療業界の場合、費用

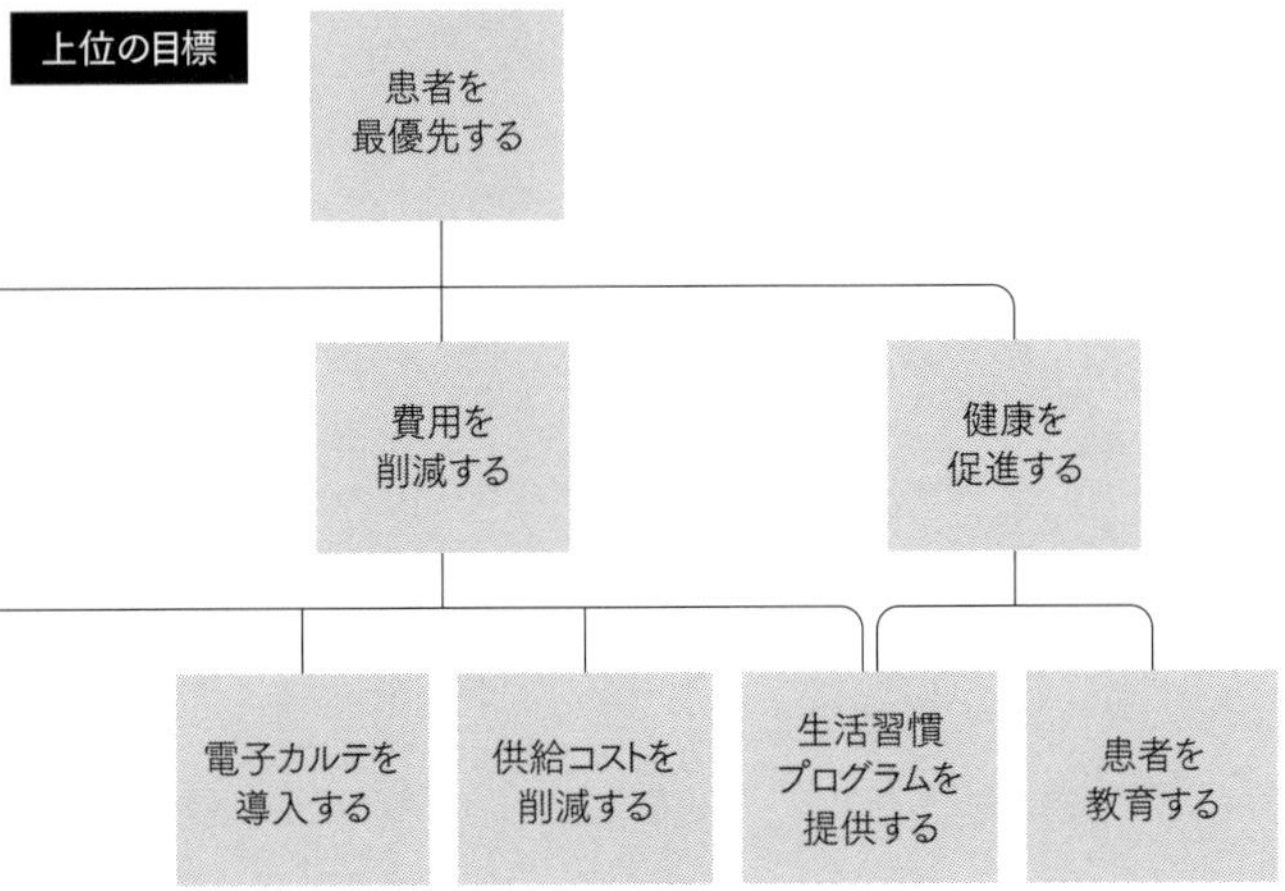

削減や市場シェア拡大を最優先課題にしても、治療結果の改善という患者目線の重要事項に情熱を注ぐ介護者の共感が得られる可能性は低い。

筆者たちの経験上、やり抜く力のある医療機関は必ず、患者第一を1番の目標にしている。もっと言えば、この目標を最優先しない医療機関は、やり抜く力のある組織にはなりえないと確信している（図4－3「組織の目標を調整する」を参照）。他のニーズ（たとえば医師や研究者のニーズ）を2番目、3番目扱いにするという提案は簡単ではないが、患者のニーズを最優先にしない場合、利害関係者がリソースを奪い合うことになり、戦略ではなく政治に基づいて意思決定が

図4-3｜組織の目標を調整する

やり抜く力のある医療機関は、以下の概念図のような明確な目標ピラミッドを持つ。個人やチームの目標ピラミッドと同様に、下位の目標がその上の目標を支え、最上位に来る包括的な目標・ミッションに貢献する。

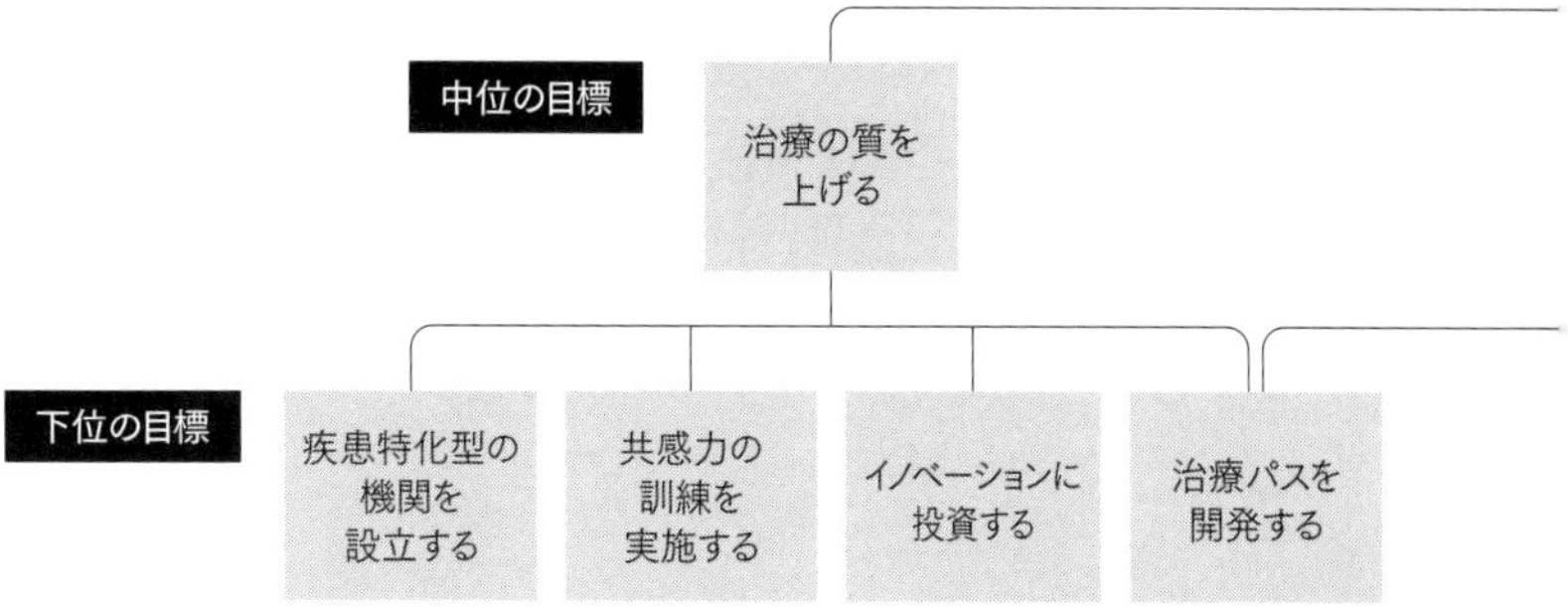

行われることになりがちだ。

　とはいえ、組織がこれ以外の目標を掲げることができないわけではない。たとえばメイヨー・クリニックは研究、教育、公衆衛生も重視する。しかしこれらは患者のケアの下に置かれているのである。

　当然のことながら、上位の目標が明確で妥当でも、それらを推進するには言葉だけでは不十分だ。時にそれが裏目に出ることもある。もし組織のリーダーが目標を踏まえた意思決定を行わなければ、彼らの信用は損なわれるだろう。

　クリーブランド・クリニックが、診察の遅れによって排尿障害を持つ患者が何時間も苦痛を味わったことを把握した時の対応を見てみよう。同病院は、診察を予約する患者全員に、当日診察を希望するかどうかを聞くことにした。このような選択肢を与えるには業務手順に複雑でコストのかかる変更を加える必要があったが、同病院は患者のニーズを明確に優先したのである。そして実際には、この変更は市場シェアの驚異的な伸びという形で報われた。ただしこれはあくまでも嬉しい副産物であり、同病院が主に意図するところではなかった。

この例でわかるように、上位の目標を明確にすることは、市場での競争の差別化要因になりうるとともに、組織内にも有益なインパクトを与える。プレス・ゲイニーのデータによると、質と安全という目標に対する組織的なコミットメントを臨床医や他の従業員が受け入れ、これらの目標に各自の目標を投影した場合、よりよい治療が実現するだけでなく、業績も向上する。

では、最上位の組織的目標をチームや個人の実践的活動に変換することを、リーダーはどのように後押しできるのだろうか。クリーブランド・クリニックは7年前、文化と方向性の定義につながる重要な一手を打った。当時CEOだったトビー・コスグローブは、全従業員に半日の「アプリシエイティブ・インクワイアリー」(肯定的質問)プログラムを受講させた。プログラムではさまざまな役割のスタッフが10人前後に分かれてテーブルを囲み、患者をケアして誇りを感じた経験について話し合った。医師、看護師、清掃員、管理スタッフのそれぞれの視点が融合し、クリーブランド・クリニックの最高の長所を表す前向きでリアルな事例に、皆の意識が向けられた。

ここでは「この事例のケアはどのような点が素晴らしいのか。この素晴らしさを毎回発揮するために、クリーブランド・クリニックはどうすればよいか」という問いが投げかけられた。このプログラムに参加させるためにスタッフを業務から外すコストは推計1100万ドルにも上ったが、コスグローブはこれを、ミッションを中心にして組織が一致団結することを促す最も強力な方法の一つだと考えていた。

最上位の目標を支える規範を構築することも、もう一つの策である。メイヨー・クリニックの医師の規範は、患者に関するポケベルの呼び出しに、ただちに対応することである。彼らは目的地に着くまで車を走らせたりせず、すぐに停車して電話を入れる。メールを書き上げたり、たとえ相手が患者でも、会話を最後まで続けたりすることもない。非礼を詫びて、ポケベルに対応するのである。

筆者たちはメイヨー・クリニックで「ポケベルにすぐに応答しないと、どうなりますか」と尋ねてみた。何人かは「ここではうまくやっていけない」と答えた。ある人は冗談めかして「大地が裂けて、食われてしまうだろう」と答えた。またある人は「『彼はポケベルを無視するような人だから』とだけは言われたくない」と答えた。これらのコメントは全体像の一部にすぎない。「メイヨーのやり方」には服装規定以上の（もちろん、服装規定も存在するが）意味がある。ポケベルに応答すること、チームで動くこと、患者のニーズを最優先することはその一部なのだ。

現状維持に安住せず、たえず改善する姿勢も、やり抜く力のある組織の基本的な特徴の一つである。この安住しない姿勢を医療機関で育むには、リーダーの真の力量が試される。なぜなら医療現場には訓練を積んだ勤勉な人々がたくさん働いているが、彼らは往々にして、変革が必要だという声に耳を貸さないからだ。「私たちの素晴らしさを維持する」という目標では変革の根拠として説得力がなく、やり抜く力のある従業員たちの心をとらえない。そうではなく、医療の真の顧客である患者に、つまり快適な「サービス」を提供することだけでなく、患者の医療面、精神面のニーズを満たすという終わりなき旅にフォーカスを当てるべきである。

このことは、スタンフォード大学の心理学者キャロル・ドゥエックが提唱する「成長のマインドセット」、すなわち努力とフィードバックによって能力は向上し、大きな課題や挫折は学びの機会になるという考え方を組織内で推進することにも役立つ。もちろんそのためには、リーダーたちが合併症や過誤を受け入れ、場合によってはオープンに話し合う必要がある。

これは医療現場では必ずしも簡単なことではないが、計算に基づくリスクテイク、ミスの削減、持続的な学びの必要性をはっきりと示すリーダーは、組織のメンバーを刺激して真の成長を引き出す傾向がある。

危機的状況は、文化を強化するという意味では特に、またとない成長の機会になる。自然災害やテロ攻撃後の医療活動に従事した組織は、その経験が絆を強め、パーパスの理解を高め、卓越したいという意欲を生み、組織の目標に対する新たなコミットメントにつながることを実感してきた。

たとえば、2005年にハリケーン・カトリーナがニューオーリンズを襲った時、現地のオクスナー・ヘルスシステム系列の病院は、停電、洪水、人々の殺到、食料や物資の不足など、信じがたい困難に次々と見舞われた。しかし、医師が食事を出し、看護師が設備を掃除するなど、すべての従業員が一致団結して普段の役割以上の義務を果たしたため、士気は最後まで衰えなかった。

同病院のサプライチェーン・支援サービス担当バイスプレジデントは『レパートリー・マガジン』誌に、「嵐の時ここにいたチームには、戦闘中の兵士にしか真似できないような人間関係がありました。互いを尊敬し信頼する、そういった関係です」と話した。

これがみずから招いた危機となると、対応が少々難しいかもしれない。だが、その場合は患者のストーリーを改善の大きな推進力にすることができる。特に、悔しさをかき立てる内容で、「身内」の関わるストーリーが効果的だ。

たとえばヘンリー・フォード・ヘルスシステムでは、新規に採用した従業員全員に、集中治療室に勤務する医師ラナ・アウディッシュの体験を描いたビデオを視聴させている。２００８年、彼女は肝腫瘍が突如破裂してＩＣＵに運び込まれ、出血多量で命を落としかけた。彼女は深刻なショック状態に陥り、脳卒中を起こしていた。しかも妊娠7カ月で、子どもは助からなかった。

容態が悪化する中、彼女の耳に、自身の同僚でもある医師たちの声が聞こえてきた。「目の前で死のうとしている」「もう長くない」――。彼女自身、その同じＩＣＵで勤務中に、そうした言葉を口にしたことがあった。彼女が語る体験を聞いた同僚たちは、その医師らが病気という問題に集中し、一人の人間としての彼女に目を向けていなかったこと、そして同じことが院内でおそらく何度となく起きているということを理解した。

この危機を受けて、リーダーたちはすべての患者に常に親身に接するという目標に熱心に取り組むようになった。現在、ヘンリー・フォードの全従業員がこのビデオを視聴しており、いつも変わらず親身に接するという目標が、明確に理解されている。

アウディッシュのストーリーを共有することは、ヘンリー・フォードで行われている介入の一例にすぎない。そして同病院では、これに続く取り組みを通して、医師に関連する患者体験のスコアが5～10ポイント改善したのである。

やり抜く力のあるリーダー

ラルフ・ウォルドー・エマソンはかつて、組織とはリーダーの影が長く伸びたものだと述べた。従業員を集め、チームをつくり、組織文化を育て、そのすべてにやり抜く力を持たせるためには、リーダーみずからが情熱と粘り強さを体現すべきである。つまり、組織のすべての人々に向けて、目に見える形で信頼できるロールモデルを提示するのである。さらに、厳しい要求を課す（基準を高く維持する）とともに、支援も提供しなければならない。

トビー・コスグローブの例を見てみよう。彼は勤勉な学生だったが、失読症だった（診断は30代半ばまでつかなかった）ために学業成績ははかばかしくなかった。それでも医学部進学を目指し、13の大学に願書を出した。彼の入学を認めたのはバージニア大学ただ一校だった。彼は当時を振り返り、「失読症が意志の強さと粘り強さを鍛えてくれた。同じ成績を取るのに、他の誰よりも長い時間勉強する必要があったからだ」と話した。

コスグローブは１９６８年に外科研修を中断して兵役に就き、米国空軍の軍医としてベトナムで2年間勤務した。帰還して研修期間を完了し、１９７５年からクリーブランド・クリニックで働き始めた。「みんなが心臓外科医にはなるなと忠告したが、ともかく私は心臓外科医になった」。実際、コスグローブは同世代の誰よりも多く（約2万2000件）心臓手術を執刀した。そして低侵襲心臓手術などいくつかの技術やイノベーションの先駆者となり、30件以上の特許を取得した。

世界的な外科医としてのコスグローブの成長の軌跡は、やり抜く力の事例研究になる。「研修期間中、君は一番才能がないと言われた。しかし失敗は偉大な教師だ。私は努力に努力を重ねて技能を磨いた。やがて、物事に対する取り組み方も変わった。私はよく『イノベーションの旅』と称して、世界をめぐって他の外科医とその技術を見学する旅に出かけた。彼らから学び、それを自分の仕事に取り入れたのだ。よりよいやり方を探求し続けていた」と彼は話した。

コスグローブは2004年に、クリーブランド・クリニックのCEOに指名された。彼を偉大な外科医に、そして心疾患治療チームの責任者という地位に導いた情熱と粘り強さは、4万3000人以上の従業員のトップという新たな役割において、試されることになった。

「リーダーシップの学習者にならなければならないと考えた」と彼は振り返る。「リーダーシップに関する本を山のように集めて、毎晩、帰宅してから小さな書斎で読んだ。そしてハーバード・ビジネス・スクールのマイケル・ポーター教授に電話をかけた」という。現代経営戦略の父と広く認識されているポーターは、コスグローブを招いた。コスグローブは、「彼と2時間話して、その後クリーブランドに来てもらった。それ以来、私たちはアイデアの共有を続けている」と話した。

彼はポーターのアドバイスを受けて、CEOには高名な外科医や情熱的なリーダーである以上の条件が求められることを理解した。患者のために価値を生み出し、その過程で競争上の差別化を達成する方法にフォーカスを当てて、組織の戦略を発展させる必要があったのだ。

コスグローブは、クリーブランド・クリニックの質に関するデータを徹底的に調査した。すると、死亡数の統計データが他の主要機関と同等だったのに対し、他の測定基準（特に患者体験）のスコアが理想にほど遠いことがわかった。「私たちは敬意を持たれていたが、間違いなく好意は持たれていなかった」と彼は語った。

2009年、彼は若手の医師ジェームズ・メリーノを雇用し、最高エクスペリエンス責任者に任命した。メリーノはかつて同病院で働いていたが、父親がこの病院で最期を迎えた時の対応に不満を感じ、その後、同病院を辞めていた。コスグローブは彼に、同病院を去ることを決意させた諸問題を解決することを求めた。

コスグローブはメリーノが提案した多くの革新的なアイデアを支持した。たとえば、アプリシエイティブ・インクワイアリーを全従業員に受けさせる、社内教育用の映像を制作する（非常に説得力がある「共感ビデオ」で、YouTubeでの再生数は400万回を超え、部外者も多く視聴している）といったアイデアだ。これらをはじめとする数々の取り組みの結果、クリーブランド・クリニックの患者体験のスコアは下位4分の1から上位4分の1へと躍進した。

コスグローブとそのチームが達成した組織変革は枚挙にいとまがないが、そのいくつかを紹介する。駐車スペースを入れ替え、医師ではなく患者が病院出入り口の一番近くに駐車できるようにした。診療記録を紙媒体から電子記憶装置に移した。治療の一貫性を保ち、質を最適化するために標準治療パスを開発した。喫煙者の採用をやめ、最近では米国の全国的なオピオイド危機（鎮痛剤の過剰摂取問題）を受けて、医師や幹部を含むクリーブランド・クリニックの全スタッフを対象に無作為の薬物検査を実施した。

こうした変革は導入時に歓迎されるとは限らない。しかしコスグローブは、正しいと思ったことはやり遂げた。彼のデスクには「想像できることは実現できる」ことを忘れないためのプレートが置かれている。

彼がCEOを務めた13年間に成し遂げた功績に、異論を挟むことは難しい。患者の体験改善に加えて、収益は2004年の37億ドルから2016年には85億ドルに伸び、年間来院患者数は280万人から710万人に増えた。そして、入手できるほぼすべての指標のスコアが米国医療機関のトップレベルに上昇した。

コスグローブはCEOとして初めて行った重要なスピーチで、「患者第一」と書かれた4万個のラペルピンを配布した。同僚たちがあきれ顔にならなかったかと尋ねると、「多くの同僚がそういう顔をした。しかし私は、気づかないふりをしようと心に決めていた」と答えた。

コスグローブはやり抜く力を示した。そして、彼の率いる病院はそれを体現する組織になったのである。

【注】

（1）General Stanley McChrystal, Tantum Collins, David Silverman, and Chris Fussell, *Team of Teams: New Rules of Engagement for a Complex World*, Portfolio, 2015.（邦訳『ＴＥＡＭ ＯＦ ＴＥＡＭＳ（チーム・オブ・チームズ）』日経ＢＰ社、２０１６年）。

第5章

【インタビュー】私たちは「こうありたい」を追求し続ける

中川政七商店 代表取締役会長

中川政七

初出：『DIAMONDハーバード・ビジネス・レビュー』2019年3月号

中川政七
（Masashichi Nakagawa）
1974年奈良県生まれ。京都大学法学部卒業後、2000年富士通入社。2002年に中川政七商店に入社し、2008年に十三代社長に就任。製造から小売りまでを担う、業界初のSPAモデルを構築し、「遊　中川」「中川政七商店」「日本市」を展開。2009年より経営コンサルティング事業を開始し、工芸企業の経営再建に取り組む。2018年に代表取締役会長に就任。2015年に「ポーター賞」を、2016年に「日本イノベーター大賞」優秀賞を受賞。著書に『奈良の小さな会社が表参道ヒルズに店を出すまでの道のり。』『経営とデザインの幸せな関係』（以上日経BP社、2008年、2016年）、『日本の工芸を元気にする！』（東洋経済新報社、2017年）など。

「日本の工芸を元気にする！」に込めた思い

編集部：創業300年を超える老舗企業が企業の存在意義を見直し、「日本の工芸を元気にする！」という新しいビジョンを掲げ、成長につなげました。パーパスを重視した経営スタイルだとお見受けしましたが、その経緯について教えてください。

中川：まず家業を継ぐと決め、2002年に中川政七商店に入社しました。その当時、会社には茶道具全般を扱う第一事業部と、麻生地を使った雑貨を扱う第二事業部という、2つの事業部がありました。

特に、第二事業部には「生産管理」という概念がなく、赤字でもありましたから、まずは業務改善に力を注ぎました。その後、予算も順調にクリアするようになりました。

ところが黒字になった時、「これは何のためにやっているのか」と頭をよぎりました。赤字の時はひたすら改善を重ねればよかったのですが、ここで、会社の存在意義というものを考えました。「なぜ」がないと自分自身が緩んでしまうと思ったのです。

そこで、世の中の会社のビジョンや社是を集めた本を読みました。すると、よいと感じるものと、そうではないものとがありました。この差が何かと考えると、ビジョンとして掲げていることと、会社が実際に行っていることとが一致しているかどうかの差でした。

さて、そこで「自分たちはどうするのか」と考え始めたのですが、これがなかなか出てきませんでした。

もともとは家がやってきたことも知らずに育ちましたし、たかだか会社員を2年勤めて家業に戻ってきて、赤字の事業を黒字化しただけでした。

親父（十二代の故・中川巖雄氏）に家訓や社是について尋ねても、「そんなもん、あらへん。そんなもんで飯が食えるか」と一蹴されました。

何かを思い付いては紙に書き、それを捨てるということを繰り返しました。そんな時、天から降ってきた言葉が「日本の工芸を元気にする！」だったのです。

――天から降ってきたのですか。

ええ、2007年末頃だったと思います。本当に降ってきたとしか言いようがありませんが、いまあらためて振り返ると、いくつかのきっかけが重なったのだと思います。

当時、仕入先の方々が「いままでお世話になりました」と廃業のあいさつに来られていました。これが毎年、数件ずつ継続的に起きていることに気づきました。伝統工芸が廃れていくと、私たちのものづくりが続かないという危機感を覚えました。

日本の伝統工芸に注目が集まっているにもかかわらず、失われてしまう。一消費者としても、日本古来の技法が失われるのは残念ですし、何とかしたいと思いました。

一方、私のやってきたことは、平たく言えばブランディングなので、これは、焼き物でも竹細工でも適用できると思ったのです。

つまり、伝統工芸の廃業を防がなければならないという「MUST」と、日本の工芸を元気にしたいという「WILL」、そしてブランディングのお手伝いができるという「CAN」がありました。

「やらなければならないこと」と「やりたいこと」に加えて、「やれること」という3つの円が重なって、ビジョンが生まれたのだと思います。

――中川政七商店といえば、おしゃれな工芸ブランドを扱うお店のため、若い客層にも人気です。若者の心をつかむために、どのようなマーケティングをしてきたのでしょうか。

私たちのお店の特徴は、お客様が20代後半から70代までという年齢の幅にあります。商品を企画する際も、ターゲット年齢を設けてセグメントするようなマーケティングはしていません。
普通、マーケットを先に見て、そこから顧客のセグメントを絞り、商品開発に入りますが、私たちの場合は自分たちが提供したいものから始まります。一商品で何十億円を狙う商材ではないので、たいていは市場が空いているのです。

――市場が空いている、ですか。

ええ、たいていはですね。だから自分たちの強みを活かして、やりたいことを愚直に形にして、正しくコミュニケーションを図れば、お客様は反応すると見ています。そのため、マーケティングではなくブランディングだと言い続けてきました。
そもそもブランドというのは、お客様の頭の中にあるものです。１００人いたら１００人なりのブランドに対するイメージがある。それでは、そのイメージがどうできたのかといえば、お店で見たことがあるとか、家族から話を聞いたとか、テレビで紹介されたのを見たとか、店員の態度とか、そういったものすべてがミックスされてできあがります。そのうえで、好きや嫌い、興味ないなどと決まるのです。つまり、ブランディングというのはコミュニケーションとほぼイコールだと考えています。

現在、商品そのものやウェブ、紙、接客などさまざまな接点がありますが、大事なのは、「どのようなブランドとして思われたいか」です。贈り物として使われたいのか、おしゃれだと思われたいのか、いずれにしても、自分たちが「こう思われたい」ということから始まらなければならないのです。そのためにも、ビジョンが必要でした。

「旗印」を掲げることで経営にどう影響を与えたのか

――ビジョンを定めても、組織に落とし込むのは簡単ではありません。

2008年に初めて、全スタッフの前でビジョンを発表しましたが、最初はもう全員、何を言っているのかわからない様子で、ぽかんとしていました。無理もありません。それまでビジョンなんて会社になかったからです。

そのタイミングで、同業の伝統工芸メーカーの再生コンサルティング事業を始めることにしました。いきなりコンサル案件が舞い込むわけではありませんので、雑誌の連載を始め、書籍の出版につなげ、私なりに考えてきたことを広めました。

その本を読んでいただいたマルヒロがコンサルティング第1号案件となり、２０１０年に長崎・波佐見焼の陶磁器ブランド「ＨＡＳＡＭＩ」が生まれました。いまでは波佐見焼産地を牽引する人気のブランドです。

マルヒロの方を招いて直接、スタッフの前で話していただく機会を設けました。スタッフは「なるほど、工芸で元気にするとは、経営不振の会社をコンサルティングという手段で何とかするということか」とわかってくれるようになりましたが、それでもまだ「コンサルは社長の仕事で、自分たちには関係ない」と考えている節がありました。

しかし、お店で販売して工芸品を持ち帰ってもらうことも、バックヤードで流通を支えることも、スタッフみんなの仕事がビジョンの実現につながっているのです。

ビジョンを浸透させるため、スタッフには機会を見て何度も、何度も話をしてきました。たとえば、「石垣を積んでいるのではなく、日本一の城をつくっているのだ」という話です。もし目の前にある仕事が石垣を積むという単純作業だとしても、それが日本一の城を築くために必要な仕事だと思えれば、やる気も仕事の質も大きく変わります。

また、新しい店舗がオープンするたびに新規の店舗スタッフと食事をして、次のようなことを伝えてきました。

「あなたたちの仕事はいわゆる予算を達成することだけではありません。その先にあるのは、日本の工芸を元気にすることです。ビジョンを理解して仕事をするかしないかで、結果が変わるのです」

店舗の仕事は、ある程度覚えてしまうと、大きな成長を感じられなくなってしまいます。そんな時こそ、その仕事が自分のためではなく、誰かに貢献している、つながっていると感じられることが必要なのだと思います。

手応えを実感できたのは2013年頃だったと思います。多少の理解の差はありますが、「何のために仕事をしているのですか」と尋ねたら、アルバイトスタッフでも「日本の工芸を元気にするためです」と言えるようになりました。

——ビジョンに共感して入社された方にもお目にかかりました。ビジョンが浸透したことで組織はどう変化しましたか。

ビジョンというものは、「旗印」を掲げることだと考えています。それぞれの会社にはそれぞれの価値観があります。その最たるものがビジョンであり、それを世の中に旗印として表明したということです。

旗印を掲げたことで経営がやりやすくなったことに、間違いはありません。実際、その旗印を見て、価値観の近い人たちが集まるようになりました。それも、奈良の中小企業では手に届かないような優秀な人材が採用できるようになったのです。

会社の価値観が多くの人に届くことで、そこに共感をする人と、そうでもない人がはっきりしたことも大きかったです。

昔、親父に人材獲得について相談したことがありましたが、「そんなもの、奈良の中小企業で、優秀な人なんか採られへんのや」と言われました。「採れない中で、どうやるかを考えろ」と親父は言っていましたが、「いや、絶対採れるように、いずれなる」と私自身は思っていました。

現在は、店舗スタッフまで含めると約500人の会社になりました。(注1)

創業の麻すらも捨ててもいい 父が遺した「囚われるな」

――インタビュー前に、中川政七商店の蔵を改築した部屋「時蔵《ときぐら》」(次ページ写真)を見学しました。創業の1716年から、2137年までの資料棚が各年、用意されているのには驚きました。

PHOTOGRAPHY:Aiko Suzuki

時蔵は、その年々の資料をきちんと整理しておきたいと思ってつくりました。まだまだ整理が必要ですが、いつか一般公開もしたいと思います。２１３７年までの棚があるのは、自分が死んだ先、１００年先も会社が続くものと考えてのことでした。

――３００年以上続く伝統のある会社です。会社を変化させる際、伝統に押し潰されそうになりませんでしたか。

ありません。申し訳ないぐらい、何も感じませんでした。３００年の会社であるということについては、先人たちへの感謝しかありません。私がどれほど努力しても手に入らないものですから。

ですが、それを重荷に感じたことはないのです。おそらく、親父の姿勢であり言葉がそうさせたのだと思います。

――それはどういったものですか。

中学校に入学する前、親父に呼ばれてこう言われました。

「予定より少し早いけど、お前は割としっかりしているから、今日、話しておくわ。これから、もう全部好きにせい。その代わり、全部自分で責任を取れ。自分で決めろ」

当時の自分がこの言葉通りに受け止めたかはわかりませんが、この時のことはよく覚えています。以来、就職する時も、家業に戻る時も、一度たりとも親父に止められたことがありませんでした。

2008年に社長に就任した時も、親父に呼ばれました。かしこまって呼ばれたのはこの2回ぐらいだったかもしれません。2人で食事をしていると、親父は「話したいことが2つある」と切り出しました。

1つが「自分の代で中川家の財産を3分の1にしてもうた、すまん」と。何となく株でやられているのは知っていたので、特段の驚きはありませんでした。もう1つは、「囚われるな」ということでした。

——何に囚われるなとおっしゃったのですか。

当時ですら、私は業界の慣習を気にせず新しいことを次々と展開していたので、なぜいまさら、こんなことを言うのだろうかと思いました。すると親父は、「お前は麻に囚われている。

麻ですら、別にどっちでもいい。囚われるな。判断を誤るぞ」と言ったのです。

もともと、中川政七商店は麻屋から始まりました。歴史を振り返ると、麻だけでなく綿も扱っていましたし、蚊帳も取り扱ってきました。その時代、その時代で多少なりとも業態が変わっています。

それこそ昔は問屋だったのが、製造にまで広げた時期もありました。ある時からは小売りを始めました。酒造業もやっていたし、高利貸し的なことも営んでいたようです。

そのため、親父は「別に麻であろうがなかろうが、どっちでもいいのや」と。明文化されていたわけではないのですが、中川家としての家訓、あるいは中川政七商店としての社是は「囚われない」という言葉に凝縮されていると気づいたのです。

そのため、300年の会社を預かった時も、別に何かを守らなければならない、という意識がありませんでした。

――もともと幼少期は非常に慎重なお子さんだったようですが、変化を起こせたのはなぜだと思いますか。

とっさの対応は得意ではありませんし、何かを習得するのにも割と時間がかかりますし、慎重なほうだと思います。ただ、会社経営には心配することが必要です。この場合の心配とは、事業のリスクや可能性を考え抜くということです。

もちろん、ボーッとしていたら、不安はぬぐえませんが、考え抜けば自分の中で答えは見えますし、決まります。判断には、情緒的なことや感情的なことを、基本的に持ち込みませんし、何となく怖いということはありません。その答えが正しいかどうかは別としても、決まった以上は、もうやる。そこに迷いはありません。

――そのお考えを持つようになったのは、経営者になってからですか。

おそらくそうですね。私個人としては、与えられた状況の中でいかにうまくやるか、ということを考える性格だと思います。ただそれだけだと、会社経営には足りないということもわかったので、遠くに置くべきビジョンが必要だと考えました。

――社長就任以降、売上高は10倍以上伸ばして57億円（2018年2月期）に達し、利益も前年に最高益を出しています。また、店舗数も3店舗から50店舗超まで増やし、株式公開も間近でした。にもかかわらず、ビジョンがきっかけで上場を取りやめたと伺いました。それはなぜ

でしょうか。

中途で優秀な社員を採用したいと思っていましたが、ある時期までまったくできませんでした。会社の認知を高めて人材獲得につなげようと、上場準備を進めてきました。

その途中、想像した以上にデメリットがあることに気づきました。それまではノリでできた事業も、きちんと数字に置き換えて株主に説明しなければなりません。そう思うと、私の中ですべて止まってしまいました。経営者としての力のなさですが、何か新しくてふわふわした施策が出なくなったのです。これが地味にきついなと思いました。

一方、創業300周年を機に、(独自性のある戦略により、高い収益性を達成・維持している企業を表彰する)「ポーター賞」に応募しました。これを受賞すると、世の中の私たちに対する印象が変わりました。経済系のメディアにも取り上げられるようになり、人材も集まるようになったのです。

もちろん、ビジョンと株式市場で求められるものが微妙にズレているというのはわかっていたことですが、当初、感じていた人材獲得のメリットが薄れ、ビジョン達成に向けての経営の自由度が失われるというデメリットが大きくなりました。ここで、2年半かけて準備して来た上場を取りやめるという判断をしたのです。

新たな企業文化を育てるため外部の〝血〟を取り入れる

――2018年に社長から会長へと退き、十四代目に当たる社長に、中川家ではない人材を据えました。会長自身、まだ40代です。なぜ経営を譲ったのですか。

入社した時から、私は「十四代は中川ではない人間にする」と宣言していました。これまでは、中川家の営む中川政七「商店」でしたが、そこから抜け出して、きちんとしたよい会社にしたかったのです。

よい会社とは何かといえば、2つの条件があると考えています。1つがよいビジョン、もう1つがよい企業文化です。この2つがあれば、よい人材も集まってきます。

中川政七商店には、よいビジョンがあると自負しています。企業文化も、そこそこはよいのではないでしょうか。しかし、まだまだよくなる余地があると思います。

その実現には、私が社長でないほうがよりよい、と。創業家という強いワントップがつくる企業文化には限界があるからです。

親父から私へのバトンタッチの時を見ても、そう感じざるをえませんでした。たとえば、親父は親父で優秀な経営者だったと思うのですが、やはり私の知っている晩年の姿は、だいぶ力が落ちていました。

もともと私自身、独占欲はあまりないですし、上場しようが上場しまいが、会社はパブリックなものだとも思っています。

ただ、経営の座を譲るには、いくつかのハードルがありました。1つ目が銀行です。中小企業が融資を受ける際、時代遅れといわれながらも、いまだ個人保証（連帯保証）が求められる。これを外すために借り入れを減らさなければなりませんでした。

また、経営者をやりたいと言ってくれ、かつ経営を任せるだけの能力のある人を据えないといけませんでした。そのため、この2つの条件をクリアしない限り、経営を譲れなかったのです。ようやくここまでたどり着いたというわけです。

――社長交代の影響はありませんでしたか。社員も驚かれたのではないでしょうか。

タイミング的なものはあったかもしれませんが、社内への驚きはさほどなかったと思います。寂しいくらいに、誰からも「社長、辞めないで」とは言われませんでした。

ただし、社長交代からまだ1年も経っていないので、うまくいってないところが当然あります。1つは、経営者として自分が行ってきたことを、きちんと棚卸しできていなかったこと。自分の行動を見つめ直し、経営者の仕事はこういうものだとわかりました。そこに対する手当てをいま、やっています。

もう1つは、ビジョンの浸透不足です。実は、2007年から毎年、「政七まつり」と呼ぶ、社員を対象としたビジョンの浸透を図るワークショップを開いてきました。

これは、ビジョンを多角的にとらえ、自分なりに考えて、アウトプットするといったことを一日がかりで行う研修です。10年間こつこつと開き、社員全員のベクトルを揃えてきました。それがこの2年間、やめていました。ビジョンが浸透していたと思っていたのですが、おそらく「政七まつり」をやめたことによる問題が噴出しています。

社歴の浅い人が増えている中、常に言い続けないとビジョンは保てないということがよくわかりました。現経営陣と話をして、今年（2019年）からもう一度復活させるつもりです。

――そうなると、社長に戻りたいというお気持ちはありませんか。

それは十四代との話し合いの中で、「そうなったら最悪だし、おしまいだよね」と共有しています。私が会社のオーナーであることに変わりはありませんが、現経営陣が会社を傾けても、それを受け入れる覚悟を決めたので、経営権を渡しました。

親父が代替わりの時に、「お前が会社を潰そうが何しようが、知らん。潰れたら、笑ったるわ」と言っていました。それ以来、いっさい、口を出しませんでした。それが責任なのだと思っていますし、私も任せるなら任せ切ることだと思っています。

まだ交代して1年目なので、引き継ぎも含めてサポートしますが、任せるからには任せないと、本当の意味で経営を譲ったことにはならないと考えています。

強い意志を込めたビジョンは商品から透けて見える

――会長に退く一方で、地元である奈良の地域振興に注力するようになりました。

そもそも、ビジョンを掲げたことによって始まった事業の一つはコンサルティングでした。コンサルティングで産地の「一番星」をつくる、それが産地を救う道だと。一番星が生まれれば、絶対に地域が底上げされると思っていましたし、実際、そうでした。

ですが、予想以上に、産地の衰退スピードが速い。「ＨＡＳＡＭＩ」のマルヒロにしても、彼らは窯元みたいなものですが、その前工程を担う会社が潰れそうなのです。言うなれば、サプライチェーンの崩壊が間近です。

そのため、産地における「垂直統合」をやらなければならない。垂直統合をするには、やはり投資が必要ですが、儲からない地域に、誰も投資できません。何かよい方法はないかと考えた時に、産業観光と合わせればいいと気づきました。それには工芸メーカーだけがあってもダメで、地域に魅力的な宿やレストランがあってこそ人は集まる。そのような産業観光を一から考えなければなりません。

――地域プロデュース業ですね。

ええ、そこまで面倒を見なければ工芸を救えません。２０１５年ぐらいから、「これからは産業観光ということで、本気で取り組むぞ」と言い出したのです。地域が生き残らないと、工芸も生き残れない。ビジョンは何も変わらないのですが、やらなければいけないことが増えたということです。

――それが奈良とどうつながるのですか。

奈良といえば、歴史遺産とシカがあるので、たくさんの観光客が訪れています。ですが、その2つを除いて何が残りますか、と言いたいのです。私から見れば、よいコンテンツがほとんどない。奈良をさらに発展させていこうと思ったら、数多くのコンテンツをたくさんつくるしかないと思いました。それが本当の地域ブランディングにつながります。

仮に中川政七商店を奈良で50店舗、増やしてもほとんど意味がありません。手前味噌ですが、私たちのような会社が50社あれば、おそらく地域が変わるだろうと思います。

30年前、米国のポートランドは誰も知りませんでした。それがいまや全米で最も人気の都市の一つです。鎌倉市も同様です。奈良をポートランドのようにしたいのです。

――これまでのお話からは、「何事にも囚われず100年後も残っていくこと」が老舗である貴社の存在意義であると感じました。そして現代において、「日本の工芸を元気にする!」というビジョンを社外に表明し、社内外に変化を起こしてきたと思いますが、いかがでしょうか。

社内と社外という区別はありません。取材でお話ししている内容と、社内で話している内容とは何一つ違いません。テレビに出た時も、スタッフに「言っていることがいつもと変わらない」とよく言われます。

ブランディングとも通じますが、外に向けて発信する時には、「政七まつり」の例のように、中に届かないと絶対にうまくいきません。中にすらうまく届かないものが外に届くことはありません。それがきちんと伝わっていれば、にじみ出てきます。商品から透けて見えるとも、よく言います。

——ビジョンが商品から透けて見えるのですね。

そうです。店頭には「日本の工芸を元気にする！」とは、どこにも書いていません。お客様からすれば、一義的にビジョンなんて関係ないですし、楽しく買い物をしてもらうことが何よりです。それでも、本社の振る舞いや考え方が、本来的に見えないはずの現場から透けて見えてくるのです。

最後に、この旗印の掲げ方について、重要なことを一つお伝えします。それは、「テンションが上がるもの」でなければならないということです。言うなれば、みんなが「頑張るぞ」と思えるビジョンが欠かせません。

それには、ぎりぎり手の届くところがビジョンとしてはよいのではないかと思います。それを超えると、張りぼての印象を与えてしまいます。たとえば、ネジのメーカーが世界平和を掲げても、ピンとはこないでしょう。

また、ビジョンは、「動詞」でなければならないと考えています。私たちは「こうありたい」「こうしていくのだ」という意志を込める。それには、動詞表現になるのではないかと思います。中川政七商店のビジョンには、そんな強い意志を込めているのです。

【注】

（1）2019年3月時点。

第6章

パーパスの実践に当たってはまずわが身を振り返れ

ストラテジック・ファクターズ マネージングディレクター
グラハム・ケニー

"Your Corporate Purpose Will Ring Hollow If the Company's Actions Don't Back It Up,"
HBR.org, August 29, 2018.
邦訳『DIAMONDハーバード・ビジネス・レビュー』2019年3月号

グラハム・ケニー
(Graham Kenny)
戦略プランニングとパフォーマンス測定を専門とするコンサルタント会社、ストラテジック・ファクターズ(シドニー)のマネージングディレクター。オーストラリアにおける将来の開発に焦点を当てる組織、リインベント・オーストラリアのプレジデントも務める。

「パーパス」とは組織を外から見つめるもの

企業において2つの動きが同時に起こっている。これは見過ごせない。1つは、社員を動機付けるために会社の「パーパス」を与える必要があるという考え方が強まったこと、もう1つは、CEOや経営層の報酬が桁外れに上昇していることである。リーダーたちに大金を支払いながら、一般社員やその他の関係者を軽視する組織の中で、リーダーたちが「パーパス」についてもっともらしく語れるだろうか。

まず「パーパス」の意味から始めよう。

ミッション、ビジョン、バリューなど方向性を示すステートメントのほとんどは、組織自体を中心に据えている。ミッション（どんな事業をしているのか）、ビジョン（今後数年間にどんな会社になりたいのか）、バリュー（自分たちが何を大切だと考えるか）はすべて、組織と組織内の人々に関するものである。

ところが、「パーパス」の記述は組織を裏返し、その内部を表に出す。パーパスとは、組織を外から見つめ、事業が人々の生活にもたらす違いを考えるものなのだ。

通常、会社のパーパス・ステートメントは顧客に目を向けたものとなる。たとえばIAGグループのステートメントを見ると、「あなたの世界をより安全にする」とある（IAGは、オーストラリア、ニュージーランド、タイ、ベトナム、インドネシアの損害保険会社グループの親会社である）。

パーパス・ステートメントの意義とは、組織に別の一面を加えて、単なる取引システムを関係へと変容させることだ。組織が生み出す製品やサービスを個人の問題とする。組織によっては、これがスタッフの情熱に火をつけ、従業員の真剣さを引き出す可能性がある。その理由はわかるのではないだろうか。

ドミノ・ピザで何が起きたか

しかし、会社のパーパス制定を従業員が皮肉なジョークとして受け取るような事態を避けるためには、一定の条件を揃える必要があることを申し上げたい。そのうちでも重要なのは、CEOと経営層に対する法外な報酬への対応と、従業員とその他の利害関係者に対する公正な処遇である。

最近の例を挙げよう。オーストラリアのドミノ・ピザCEOが国内最高の報酬を得るエグゼクティブとなり、前年度（2017年）の俸給総額は3684万豪ドルに達したというニュースがあった。その内訳は、基本給470万豪ドルと、報奨制度の一部として得た株式の売却利益だったという。

ところが同じドミノ・ピザで、フランチャイズ店が財務目標を達成するために、弱者である従業員を組織的に不正な低賃金で働かせ、外国人のビザ取得手続きに料金を取っていたことから続々と検挙された。本社はこの問題について、見て見ぬふりをしていたと非難された。

ドミノ・ピザのミッション、ビジョン、バリューはウェブサイトに掲載されているが（バリューの一項目は「自分が接してほしいような態度で人々に接する」というものだ）、パーパス・ステートメントがないのには理由がある。不法とされる行為があり、詐欺行為と非難される状況の中で「パーパス」を掲げるのは不適当というものだろう。

ドミノ・ピザのパターンの前触れは、2年ほど前にセブン‐イレブンで起きた。同社のフランチャイジー・オーナーと取締役会会長は7億5000万米ドルも受け取っていたのに、フランチャイズ店舗では不当な低賃金でスタッフを働かせていたのが露見したのである。同じパターンが、リッチな有名シェフが経営するオーストラリアの高級レストラン数軒でも明らかになった。賃金支払いのごまかしが公になったのだ。

このような事業に関わる経営層にとって、顧客の生活をより豊かにするためのより高尚なパーパスを標榜するのは、とても難しい。自分たち自身が「基本的なパーパス」すら果たせていないからだ。「基本的なパーパス」とはすなわち、従業員の場合なら、正当な賃金を受け取ること、フランチャイズ加盟店にとっては、実行可能なフランチャイズ協定に従って営業することである。

パーパスに取り組む前に我が身を振り返れ

顧客を裏切っているとすれば、会社の「パーパス」を掲げるのは難しくなる。

筆者の住むオーストラリアでは、銀行業、スーパーアニュエイション（オーストラリアの年金制度の一つ）、金融サービス産業における違法行為に対する調査委員会が注視されてきた。これは、退職した高裁判事が議長を務める公開調査機関である。

オーストラリア国民が仰天したのは、四大銀行（コモンウェルス、ウェストパック、ANZ、NAB）の行員の振る舞いであった。調査の中で、銀行員が顧客の利益を後回しにして自分たちの利益を追求したことが明らかになったのである。なかでも、コモンウェルス銀行の行員が、クライアントが何年も前に死去しているのを承知で、金融アドバイスの料金を請求していたことが明らかになり、オーストラリア国民は大きな衝撃を受けた。

委員会の調査結果から、それら銀行が「体質」をつくり上げ（調査会でもこの言葉が多く使われた）、それによって行員が、顧客に対応することを単なる取引と見るようになっていたことが明らかになった。つまり「これをあなたに売ります」「それをボーナスとしていただきます」といった対応が蔓延したのだった。これは最近のウェルズ・ファーゴやフォルクスワーゲンのスキャンダルとも共通する。

こういう体質は、トップから広がる。オーストラリア国民が見たように、経営陣として同国で最高の報酬を受け取るのだから、銀行のCEOには結構なことだが、顧客にとっては迷惑な話である。最近辞任したコモンウェルス銀行のCEOは1230万豪ドルを手に去り、他の経営陣にも数百万豪ドルが支払われた。

これらの会社のいずれかが、現在の取引の体質をそのままにして従業員と「パーパス」について話し合いを始めたら、世間が何と言うか想像がつくはずだ。中指を突き出す侮辱的なしぐさではなく、嘲りの眼差しで見られるくらいならマシだといえるだろう。

会社のパーパスを明確に記述するのは素晴らしいアイデアだ。顧客の生活にインパクトを及ぼす製品やサービスというのは、従業員の心の琴線にも触れる。

しかし、これだけは言っておきたい。取締役会、CEO、経営幹部の皆さん、会社のパーパスを考え出す時が来たら、パーパスを決めるキャンペーンを始める前に、みずからの身をきれいにしておこう。経営幹部の報酬、従業員の賃金と労働条件が公正であるかチェックしよう。さもないと、あなたの努力に対して、「ご冗談でしょう」とみんなの嘲笑が返ってくるだけかもしれないから。

第**7**章

法と文化の両面から改革せよ

ハーバード・ビジネス・スクール 教授
ジョージ・セラフィム
ジェネレーション基金 ディレクター
ダニエラ・サルツマン
KKS アドバイザーズ アソシエート
ブロナー・ウォード

"How Laws and Culture Hold Back Socially Minded Companies,"
HBR.org, May 18, 2017.
邦訳『DIAMONDハーバード・ビジネス・レビュー』2019年3月号

ジョージ・セラフィム
(George Serafeim)
ハーバード・ビジネス・スクールのジャクルスキー家記念講座教授。経営管理を担当。

ダニエラ・サルツマン
(Daniela Saltzman)
ジェネレーション基金のディレクター。同基金は、ジェネレーション・インベストメント・グループ傘下の団体。

ブロナー・ウォード
(Bronagh Ward)
KKS アドバイザーズのアソシエート。

パーパスの推進に立ちはだかる2つの障害

自社で社会的に有益なインパクトを及ぼしたい、と考えるビジネスリーダーは多い。財務的な成果を上げるだけでなく、パーパスを追求し、善を為したい。それなのに、なぜ実現しないのか。ビジネスリーダーたちと議論する中で、2つの問題が繰り返し言及された。短期志向の文化と、会社法により株主第一となっているという事実である。

文化は行動に影響を与える非公式のルール（社会規範や行動規範など）であり、法律は個人や組織の行動を律する公式のルールである。だが、企業の振る舞いを形づくるのにどちらがより重要であろうか。筆者らの最新調査である「パーパスの価値」において、法も文化も、ともに重要性が高いことが示された。

筆者らは、ある国の法律における株主優先の傾向の程度を測る尺度を開発した。米国法曹協会の「持続的開発タスクフォース」からの法律文書（この文書には、取締役の信認義務の根拠となる法的な枠組みに関して、法律事務所からの回答を標準化したリストが示されている）の分析とコーディングによって測定するのだ。ある国の文化的な短期重視の傾向を測定する際には、ヘールト・ホフステードの国別の文化様相の情報を用いて、対象国の文化的特質に関する情報を収集した。

32カ国のデータを使って、国別の法律的な株主優先レベルと文化の短期・長期重視の傾向を、「Bコーポレーション」認証取得会社の数値と比較した。

Bコーポレーションとは、社会や公益のための事業を行っている企業に発行される民間認証制度のことである。これを考案したのは、米国ペンシルバニア州にある「Bラブ」というNPO団体だ。Bコーポレーションに世界で2000を超える会社が加わっていることは、非常に意義深い。なぜなら、これに加わる会社は、利益とともに社会的・環境的な目標を含めて、事業の成功を再定義しているからだ。

また分析では、民間セクターの発展レベルの違いを反映するため、企業の数と各国の経済発展度をコントロールした。

法と文化両面からの改革を

筆者らの狙いは、パーパスと長期志向に対する企業の見方に、法律と文化がどのように影響するかを調べることだった。各国のBコーポレーションの数は、法と文化から予測できるだろうか。

ある国にBコーポレーションが多ければパーパスを意識した企業が多い、ということではない。別にBコーポレーションの認証がなくても、会社はパーパスを追求することができるからだ（後述するように、パーパスに価値を置き、長期志向の企業に対して冷たい国であればあるほど、多くのBコーポレーションが存在すると考えていた）。

しかし、Bコーポレーションの数と、法と文化の測定値の相関関係から示唆されるのは、これら2つの要因が、パーパスと長期志向をめぐる会社の立場と意思決定に影響を与えるということである。

果たして、文化的に短期志向の国であるほど、Bコーポレーション数が多いことが明らかになった。短期志向が強い環境では、長期志向となるよう、より高度の差別化と真剣な取り組みが求められるからだ。

文化的に短期志向が優先されるところでパーパスを掲げた組織を打ち立てたい起業家は、Bラブのような支持機関を求める必要があると考える。一方、長期志向が強い文化の中では、従来の仕組みの下で自由にパーパスを追求しやすい。

利害関係者よりも株主を優先するという法的解釈が強い環境でも同じことがいえる。法によってより高度な株主優先主義が支持されている国では、Bコーポレーションの数は多くなっていた。このように、パーパスを掲げる会社が収益性を秤にかけつつ達成するために、法と文化がともに大きな役割を果たしていると考えられる。

残念ながら筆者たちが見るところ、より包括的、かつ持続性のある形の資本主義に関する議論は、狭い範囲内だけで行われているようだ。文化についての議論があれば、それとはほぼ無関係に、法律についての議論が別にある、といった具合だ。法律と文化の相互作用を考えれば、この傾向は変える必要がある。

文化的に短期主義から離れる動きがあれば、会社法の改正に向けた機運をつくり出すことができるかもしれない。そして法律を変えることで、文化をさらに変えていくための承認と、より大きな法的裏付けを獲得することができるだろう。パーパスを追求する組織を促進しようとするビジネスリーダーは、いずれの勢力ももう一方がなくては成功できないということを認識しなければならない。

第8章

パーパスは収益を左右するのか

ハーバード・ビジネス・スクール 教授
ジョージ・セラフィム
ニューヨーク大学 スターンスクール・オブ・ビジネス 助教授
クローディン・ガーテンバーグ

"The Type of Purpose That Makes Companies More Profitable,"
HBR.org, October 21, 2016.
邦訳『DIAMONDハーバード・ビジネス・レビュー』2019年3月号

ジョージ・セラフィム
（George Serafeim）
ハーバード・ビジネス・スクールのジャクルスキー家記念講座教授。経営管理を担当。

クローディン・ガーテンバーグ
（Claudine Gartenberg）
ニューヨーク大学 スターンスクール・オブ・ビジネスの助教授。

ミッションやビジョンは業績との相関関係はない

組織は「パーパス」を持つべきだと、盛んにいわれるようになった。ダボスの世界経済フォーラムにおいても「パーパス」が議題に上っていたし、ヴァージン・グループのリチャード・ブランソンのような著名CEOも、「パーパス」について語っている。ブランソンは「常に目標だったのは、金儲けを超えてはっきりしたパーパスを持つビジネスをつくり出すことだった」と語っている。オックスフォード大学とアーンスト・アンド・ヤングによれば、1995年から2016年の間に、パーパスについての公開討論は5倍に増えたという。

ところで、パーパスに関するこうした発言は、実際にビジネスに結果をもたらしているのだろうか。たいていの会社には、ミッションやビジョンのステートメントがあるが、これらのステートメントに会社のパーパスは、ほとんど登場しない。「敬意」「チームワーク」「イノベーション」といった同じ言葉が、どこでも使われている。しかし多くは、というよりこれら企業の大部分では、こうした特質を欠いている。最近の調査によれば、バリューに関する企業の談話と業績にはまったく関係が見られないことがわかっている。

筆者らは新しい研究で、会社が見かけだけにせよ「パーパス」に向けて使う経営資源がすべて機能しているのかどうかを探ろうとした。45万人を超える各社従業員から回答を得た、雇用主に関するアンケート調査をもとに、米国企業429社を対象として、会社のパーパスの測定方法を考案した。筆者らはGPTW（Great Place To Work：「働きがいのある会社」研究機関）の独自調査をエビデンスとして使用した。このGPTW調査は、多様な職場条件下で働くあらゆる職階の従業員が、その雇用主機関数百社を評価したものだ。

このデータセットの利点は、まず、雇用主に対する従業員の率直な意見に基づき、多様な企業について測定方法をつくり出せることである。アンケートのサブセットでは、従業員たちに「私の仕事には特別の意義がある。ただの仕事ではない」「コミュニティに貢献する方法に関して快く感じる」「成し遂げたことを見て、プライドを感じる」「ここで働いていると他人に話すことに誇りを感じる」といった記述に、そう思う、思わない、で答えてもらう。

これらの質問は直接的にパーパスが何であるか、それが環境を救うかどうか、人類の健康を後押しするかどうか、最先端技術をさらに進めるかどうか、すべての人に向けて安く効率的なエネルギーを供給するかどうか、といったことを尋ねるものではないことに注意してほしい。会社の実際のパーパスは、会社によってまったく異なる可能性がある。筆者らの研究目的に意味を持つのは、従業員に利益の最大化を超越した目標を意識させ、社内においては意義深く、一人ひとりに共鳴させるようなパーパスの存在である。

GPTWの調査はまた、雇用主に対する従業員の他の意見（公正さやマネジメントの質など）を測定するのにも役立ち、パーパスと財務業績双方との関係を見ることができた。さらに興味深いのは、調査により、経営幹部から時給で雇用される労働者まで、さまざまな役職レベルにおける意見を測定することができたため、役職によりいかに意見が違うか、その違いがどのように業績と関連するかを見ることができたことだ。

優秀なミドル層の育成がカギ

その結果、何が明らかになったか。

初期分析において、筆者らの測定したパーパスは、企業の財務業績とはいずれにおいても相関しないという結果が出た。

そこで、アンケートの回答に対し、いわゆる「因子分析」を行った。この分析で、パーパスがデータ中の他の特性とどのように相互作用しているかがわかる。ここから、パーパスを掲げる会社の2類型を識別できた。

第1のタイプは「パーパス＝仲間意識」の組織で、ここにはパーパスが高スコアで、かつ職場の仲間意識も高スコアの組織が入る（たとえば「楽しい職場だ」「私たちは一緒にこれをしている」「家族あるいはチームという雰囲気がある」など）。

第2のタイプは「パーパス＝明瞭」の組織で、パーパスが高スコア、かつ経営の明瞭さという面でも高スコアの組織である（たとえば「マネジメントが何を期待するか明らかにしている」「組織がどう前進し、どのように到達するかについてマネジメントが明快な展望を持っている」など）。

これらパーパスを持つ組織の2類型を初期のパーパス測定に代替してみると、「パーパス＝明瞭」の高スコア組織だけが、財務でも証券取引実績でも優れていることがわかった。

また、この関係を推進するのには、時給労働者や経営層ではなく、ミドルマネジャーと専門職の社員が中心的な役割を果たしているらしいことがわかった。このことから、社内に有能なミドルマネジメント層を育成することが、極めて重要であることが確実になった。その人々が会社のビジョンを受け入れ、会社を正しい方向に導く日常の決定を下すことができるからだ。

究極的には、この研究から、パーパスには実際的な意義があることが示された。しかしこれが功を奏するのは、経営層から会社内のミドル層にしっかり受け入れられるような方法で、明快で簡潔な指示を出して実施される場合のみであるといえる。

第9章

パーパスを戦略に実装する方法

IMD 教授
トーマス W.マルナイト
IMDビジネス・トランスフォーメーション・イニシアティブ アソシエートディレクター
アイビー・ブッシュ
テンプル大学 教授
チャールズ・ダナラジ

"Put Purpose at the Core of Your Strategy,"
Harvard Business Review, September-October 2019.
邦訳『DIAMONDハーバード・ビジネス・レビュー』2020年3月号

トーマス W. マルナイト
(Thomas W. Malnight)
スイスのローザンヌにあるIMDの教授(戦略担当)兼IMDビジネス・トランスフォーメーション・イニシアティブのファカルティ・ディレクター。*Ready? The 3Rs of Preparing Your Organization for the Future*, Strategy Dynamics Global SA, 2013.(未訳)の共著者。

アイビー・ブッシュ
(Ivy Buche)
IMDビジネス・トランスフォーメーション・イニシアティブのアソシエートディレクター。

チャールズ・ダナラジ
(Charles Dhanaraj)
テンプル大学フォックス・ビジネススクールのH. F. ゲリー・レンフェスト記念講座教授。戦略を担当。同スクールのトランスレーショナル・リサーチセンターの創設エグゼクティブディレクターでもある。

パーパスは戦略の周縁から中心に移行している

8年前、筆者らは高成長企業に関する世界的な調査を始めた。成長を牽引するとされる3つの戦略の重要性を調べるためだ。その3つとは、新しい市場の創造、幅広いニーズへの対応、ゲームのルールの変更である。調査の結果、驚くべきことがわかった。この3つはそれぞれ調査対象企業の成長を後押ししていたが、筆者らが考えもしなかった4つ目のドライバーがあったのだ。それは「パーパス」である。

企業は事業活動にパーパスを組み込むことを長らく奨励されてきた。だがたいていの場合、それは付け足しのような位置付けで語られる。つまり、共通価値を生み、社員のやる気や責任感を高め、地域社会に還元し、環境を保護するための手段である。

しかし、今回の調査などで高成長企業について調べるうち、その多くがパーパスを戦略の周縁から中心へ移していることが判明した。パーパスを責任あるリーダーシップや資金投入と合わせて利用することで、利益を伴った持続的成長を生み出し、急速な環境変化に対応し、ステークホルダーとのつながりを深めていた。

2つの重要な戦略的役割

筆者らは調査において、多くの経営幹部と対話した。対象企業は、年30%以上の成長を過去5年間続けてきた、米国、欧州、インドの28社である。

そこから、パーパスは2つの重要な戦略的役割を担っていることがわかった。1つは、活動領域の再定義を助けること。もう1つは、提供価値の再形成を可能にすることだ。それによって、成長の鈍化や収益性の低下という課題の克服が可能となった。

RULE①：活動領域の再定義

低成長企業と高成長企業の大きな違いは何か。前者はある一つの分野で市場シェアを伸ばすための戦いにほとんどの時間を費やすが、当然、成長ポテンシャルは限られる。激しい戦いが繰り広げられるのはたいてい成長が鈍化しつつある産業だから、市場シェアの獲得に伴う犠牲は大きく、製品・サービスがコモディティ化すると、利益や競争優位性が損なわれることも少なくない。

対照的に高成長企業は、現在の領域だけが活動範囲だとは考えず、エコシステム全体を考える。そこでは、さまざまなステークホルダーが関わり合いながら利害関係で結び付き、より多くのビジネスチャンスが生まれる。ただし、彼らはエコシステムにやみくもにアプローチするのではなく、パーパスを道しるべとする。

ペットフード業界を代表する2社が取った戦略の違いを見てみよう。1つは北米最大のネスレ・ピュリナ・ペットケア、もう1つはグローバルリーダーのマース・ペットケアである。両社とも同じようなパーパスを定めており、ピュリナは「ペットとのよりよい暮らし」、マースは「ペットのためのよりよい世界」である。

どちらもペットの健康改善に役立つ新製品を開発したいと考えている。だが、ピュリナはペットフード分野に焦点を合わせ続け、そこでの優れた社会的活動でパーパスを活かしているのに対し、マースはペットの健康に関わるもっと幅広い分野へ事業を拡大するために、パーパスを利用している。

マース・ペットケアは、2007年にベンフィールド・ペット病院を買収してペットの健康分野に足場を築いて以来、2015年にブルーパール、2017年にVCAと、動物病院をさらに2つ買収することで、この分野でプレゼンスを築く決心をした。2018年には、欧州7

カ国で営業するスウェーデン企業のアニキュラ、英国のリンナエウスを買収し、欧州の動物病院市場にも進出。こうして、マース・ペットケアはグループ内で最大かつ最も成長が速い部門となった。

このように大きなエコシステムの中で活動の幅を広げる際、マース・ペットケアは業界の急成長に乗っただけでなく、製品に留まらないサービスへと進路を変えた。商品の製造・販売に75年間頼ってきた資本集約的企業にとっては、思い切った決断である。成功を収めるには、まったく違うコアコンピタンスを築き、新しい組織構造を考え出さなければならない。

こうした危ういほど制約のない状況では、多くの企業が失敗しかねないが、マースは転身に成功した。なぜなら、会社の中核となるパーパスに沿うよう常に行動したからだ。そして、その取り組みはまだ終わっていない。同社はいま、パーパスへの意識を活かして、「スマート首輪」でペットの活動をモニターする事業への拡大を図っている。

パーパスを用いて事業領域を定義し直した他の例として、工業部門の企業、フィンランドの石油精製会社ネステを取り上げよう。

同社は1948年設立以来、60年以上、ほぼ原油だけを中心とした事業を行ってきたが、2009年には苦境に立たされていた。市場は供給過剰となり、原油価格は急落。利益率は低下を続けた。さらに、EUが新たなCO2排出規制を可決し、直近の2年間で同社の市場価値は半減した。

こうした逆風に立ち向かう中、新任CEOのマッティ・リエボネンをはじめとする経営陣は、従来の領域だけではもはや生き残れないことを悟った。もっと大きなエコシステムに目を向け、新しいビジネスチャンスを探す必要があった。

今後の成長のカギを握るのは再生可能エネルギーであると、経営陣は認識した。排出削減に資するような、持続可能なエネルギー源の開発をパーパスとしなければならない。そして、「毎日、責任ある選択をする」というシンプルな考え方を、あらゆる活動の指針とすることが決定された。

大手石油会社が何らかの方法で持続可能性に肩入れすることはよくあるが、ネステが本気であることはすぐに証明された。リエボネンは7年がかりの大胆な変革プランを実行に移し始めたのだ。

最初は社員も顧客も投資家も抵抗したが、リエボネンら経営陣はひるまなかった。多額のインフラ投資を行い、革新的な再生可能技術を導入、環境にやさしいエネルギーへの転換を顧客に促し、そしてこれが何よりも重要なのだが、企業文化を抜本的に変容させた。

ともあれ、その道のりは容易ではなかった。リエボネンのCEO就任からわずか3カ月後、フィンランドの有力経済誌が、彼の退陣を求める記事を掲載した。しかし彼は辛抱強く頑張り続け、2015年にはネステは、廃棄物・残留物由来の再生可能燃料における世界最大の生産者となっていた。

その1年後には、再生可能燃料による比較可能な営業利益が、石油製品事業を上回った。2017年、同社はさらに一歩踏み出し、藻類油、微生物油、トール油ピッチなどの新たな由来の廃棄物原料の利用を積極的に調査・推進した。

RULE②：提供価値の再形成

コモディティ化が急速に進む分野で利益率が落ちてくると、企業は製品やサービス、ビジネスモデルを革新して提供価値を強化することが多い。これは一定の即効性があるものの、現分野での勝ち残りを目指した業務遂行型アプローチである。

一方、パーパス主導のアプローチは、新しいエコシステムにおける成長を促進するので、企業はミッションを拡大し、総合的な提供価値を生み出し、長きにわたるベネフィットを顧客に提供することができる。

こうした方針転換は主に「トレンドに対応する」「信頼をベースにする」「悩みに焦点を当てる」という3つの方法で可能になる。

①トレンドに対応する

社員数37万人のスウェーデンの警備会社、セキュリタスABは「より安全な社会に貢献する」というパーパスに沿って、物理的な警備サービスを提供してきた。

だが、2010年代初め、当時のCEOアルフ・ゴランソンは、グローバル化や都市化、ビジネス界で進むネットワーク化によって、人やオペレーション、事業継続性にとってのリスクの性質が変化していると考えた。同時に、人件費が上昇し、新しいテクノロジーはコストが下がり続けていた。

そうした動向を踏まえ、ゴランソンは「単なる人時（マンアワー）の販売」を続けるわけにはいかないと判断した。そのためには、エレクトロニクスを利用したセキュリティを提供する方法を新たに探る必要があった。

この転換は既存事業への脅威とはならず、むしろ成長のチャンスになるとゴランソンは考えていた。そして実際、そうなった。

2018年、セキュリタスはさらに、受動型セキュリティから予測型セキュリティへと提供価値を構成し直すことにした。これも、会社の中核を成すパーパスに基づいた計画である。

ゴランソンの後継者、マグナス・アールクビストのリーダーシップの下、同社は多くの企業を買収し、バックオフィスシステムの近代化や統合に多額の投資をし、警備員に遠隔監視やデジタルリポーティング、効率的対応の研修をすることで、電子セキュリティ事業を強化した。これにより、さらに高いレベルのセキュリティを最適コストでカスタマイズできるソリューションを、人的警備、電子セキュリティ、リスク管理などをセットにした形で提供できるようになった。

このように提供価値を拡大することで、セキュリタスは顧客との関係を強化し、ソリューション事業の利益率を大幅に高めることができた。2012年から2018年にかけて、同社のセキュリティソリューションおよび電子セキュリティの売上げも、総売上高の6%から20%に増加した。

②信頼をベースにする

インドの200億ドル規模のコングロマリット、マヒンドラ・グループの金融サービス部門であるマヒンドラ・ファイナンスは、提供価値を定義しようとした時、顧客の暮らしを向上させるという、親会社が長年掲げてきたパーパス主導の戦略——2010年にできたシンプルなスローガン「ライズ」に込められている——を参考にした。同社の第三世代のリーダー、アナンド・マヒンドラは、この言葉に刺激を受けた社員が限界を物ともせず、自由に発想し、前向きな変化を推進することを期待する。

その戦略に沿って、マヒンドラ・ファイナンスは中核サービスである自動車金融のターゲットを農村地域に定めることにした。グループの人事責任者、ラジーブ・ダービーによると、農村部では「未開拓市場の潜在顧客の未対応ニーズを満たす」ことができる。

つまり同社は、たいていは貧しく、読み書きができず、銀行口座を持たず、身分証明書や担保がなく、キャッシュフローがモンスーンの影響を受けやすい、そんな顧客の信用度をいかに判断するかを考えなければならなかった。

そのためには、融資の設計、返済期限、顧客の承認、支店の場所、現金の支払いや回収に関する、まったく新しい方法を開発しなければならなかった。それだけでなく、現地の方言を話し、地元の状況を評価し、分散型の意思決定モデルの下で仕事ができる要員を確保する必要もあった。

同社はなんと、そのすべてをどうにかクリアし、顧客と最初の信頼を築くことができた。そこから提供価値を拡大し、農民をはじめとする顧客がトラクターの保険や生命保険、健康保険に加入するサポートをした。保険の浸透度が著しく低い（約3・5％）国で、これはなかなかの成果だった。特に農村部の住人は、たとえ生活の安定を得るためであっても、月々のわずかに残ったお金を手放そうとはしないので、なおさらである。

マヒンドラ・ファイナンスは次いで、一連のパーパス主導の取り組みを住宅金融へと拡大した。この分野でも、農村部の顧客が現状を乗り越えるためのサポートができると見込んだのである。

大部分の農村住民にとって、住宅ローンの確保は極めて難しかった。銀行融資の利率はおよそ10％だったが、申請に必要な書類を住民のほとんどが用意できなかった。即時に融資する業者もあったが、利率は40％前後だった。そこにチャンスがあると考えた同社は、その中間レベル、約14％の利率で個別の住宅ローンを提供することにした。これならば増加する顧客ベースにもアピールするとの判断だった。

また、こうした顧客のうち、小規模なアグリビジネスを成功させた者は、運転資金融資、設備資金融資、プロジェクト融資などを必要とし始めた。これらもまたマヒンドラ・ファイナンスが対応可能な、未対応のニーズだった。そこで同社は、中小企業分野へとさらに提供価値を拡大し、金融および資産管理サービスを提供した。

事業拡大の間、マヒンドラ・ファイナンスは一貫して、農村住民の生活向上を支援するという最終目標を指針とした。顧客との関係を深めるための提供価値を明らかにし、そこに全力を投入した。そして、それが新たな売上げや利益の源になった。マヒンドラ・ファイナンスは現在、インド最大の非銀行系農村金融会社で、村落の50％、600万の顧客にサービスを提供している。

③悩みに焦点を当てる

先述の通り、マース・ペットケアの医療関連の提供価値は、さまざまな接点でペットオーナーとの直接のつながりに寄与した。さらに同社は、「ペットのためのよりよい世界」を築く方法を探した。ペットを飼うことを、便利で魅力的な、シームレスな体験にする提供価値をどうやって見つければよいか。

その答えは、ペットオーナーの最大の懸念の一つ、健康上の問題の予防に役立つテクノロジーに投資することだった。

マースは2016年、ペットの活動をモニターし、居場所を追跡するコネクテッド首輪（イヌ用のスマートウォッチのようなもの）のメーカー、サンフランシスコのホイッスルを買収。このデバイスを使って傘下のバンフィールド動物病院と連携し、「ペット・インサイト・プロジェクト」をスタートさせた。

これは、米国で20万頭のイヌの登録を目指す、3年がかりの長期研究である。同プロジェクトでは、機械学習、データサイエンス、獣医学の専門知識を組み合わせて、ペットの健康状態の変化がいつ、どんな行動からわかるか、ペットオーナーが獣医と協力して個別の診断や治療を行うにはどうすればよいかを理解しようとしている。

パーパスを設定する際の2つのアプローチ

会社のパーパスをうまく定義したリーダーや企業はたいてい、次の2つのうちどちらかのアプローチを取っている。それは「遡及的アプローチ」と「将来的アプローチ」である。

前者は、企業の現在の存在理由に立脚した方法だ。そのためには過去を振り返り、組織的・文化的なDNAを体系化し、会社の歴史をよく理解しなければならない。

発見のプロセスで主に焦点を当てるのは、社内的な状況である。我々はどこから来たか。どうやってここまで来たか。すべてのステークホルダーにとっての我が社の独自性は何か。我が社のDNAは、我々が信じる将来的なチャンスをどこで切り開いてくれるか。リーダーはこうした問いかけをしなければならない。

アナンド・マヒンドラは、マヒンドラ・グループでこの戦術を上手に利用した。まず、会社での30年間と、リーダーとしての彼の指針となってきた価値観を振り返った。次に、あらゆる層のマネジャーに社内アンケートを実施し、組織の「精神」を調査した。さらには、7つの国で民族学的な調査も実施し、会社の多国籍・多文化にわたる社員構成と共鳴するテーマを特定した。

これには3年を要したが、マヒンドラは最終的に「ライズ」というスローガンにたどり着いた。この考え方は、実は最初から会社の根本を成していたことに彼は気づいた。「気の利いたフレーズではありません」と彼は言う。「私たちはすでに、このようにやっていたのです」

他方、将来的アプローチは、自社の存在理由をつくり変えるものである。このアプローチでは、将来に目を向け、関心のあるもっと広いエコシステムを検討し、そこで影響力を発揮する可能性を評価しなければならない。将来について理解したうえで、そこに組織を適合させていくという考え方だ。

焦点を当てる先は社外であり、リーダーは、遡及型とは違う問いかけをしなければならない。我々はどこへ行くことができるか。どのトレンドがビジネスに影響するか。どんなニーズや機会、課題がこの先に待っているか。我々が信じる将来的なチャンスを切り開くため、我が社はどんな役割を果たすことができるか。

将来的アプローチは、特に新しいCEOにとって有用である。2018年にセキュリタスの実権を握ったマグナス・アールクビストは「パーパスワークストリーム」というプログラムを陣頭指揮し、会社に何が望まれているかを一から把握し直した。ビジネスユニットの全リーダーに対し、幅広い部門、レベル、年齢層、性別、経歴の社員からヒアリングするワークショップを半年かけて行わせ、結果を照合・分析した。

その結果、社員たちが会社を「サービス提供者」から「信頼されるアドバイザー」に変革したいとのビジョンを描いていることが明らかになった。そのためには、監視・報告という旧来の手法に頼るのではなく、セキュリティ上の問題を予測し、これに対応しなければならない。

こうして社員の意見を参考に、経営陣は予測型セキュリティ戦略に磨きをかけることができたのである。

パーパス主導の戦略を実行に移すには

筆者らの研究によれば、説得力のあるパーパスは、会社が大切にするものを明確にし、行動への推進力をもたらし、かつ極めて意欲的なものである。だが、あまりに一般的で、どんな企業にも当てはまるようなパーパスもあれば（日産自動車の「人々の生活を豊かに」など）、既存事業を狭い範囲で記述しただけのパーパスもある（ウェルズ・ファーゴの「顧客の金融ニーズを満たし、財務的成功を後押ししたい」など）。

さらに言えば、パーパスをうまく定義できたとしても、適切に実行に移さない、あるいは何も行動しないケースがよく見受けられる。その場合、パーパスは単なる美辞麗句にすぎない。

パーパスを戦略の中心に据えるにはどうすればよいか、リーダーは頭を絞る必要がある。最善の方法は、「リーダーの重要課題を変える」「組織全体にパーパスを行き渡らせる」の2つである。

マース・ペットケアの例をまた見てみよう。2015年、社長のポウル・バイラウフは経営陣の構成や重点を大幅に変更した。経営陣全体の新しい課題は、個々の事業の業績に留まらず、事業間（たとえば、ペットフードとペットの健康）の「乗数効果」を生み出し、ペットのためのよりよい世界づくりへの貢献度を高めることにある、と宣言した。

その原則に従う際、彼は「アウトサイドイン」のアプローチを採用し、ステークホルダーのニーズに応えようとした。その一環として2018年、マース・ペットケアは、ペットケア分野の革新的スタートアップ企業をサポートする2つのプログラムを新しく立ち上げた。マイケルソン・ファウンド・アニマルズとR／GAとの連携によるビジネスアクセラレーター、「リープ・ベンチャー・スタジオ」、およびデジタリス・ベンチャーズとの連携による1億ドルのベンチャーキャピタル基金、「コンパニオン・ファンド」である。

これらのプログラムを発表するに当たって、同社は「ペットケア分野のゲームのルールを変えようとする、すべての人に選ばれるパートナーになる」ことが願いであると公言した。

リーダーの重要課題の変更と組織の再編は、公開企業よりもマース・ペットケアのような非公開企業のほうが、おそらくは容易である。だが、フィンランドのネステは公開企業で、政府が大株主であるが、その両方を効果的に実行してきた。

再生可能エネルギーへの進出を決めた時、ネステは苦しい戦いに直面した。新たな能力を構築しなければならない一方で、方向性の変更に賛同しない多くの社員から強い反対を受けたのだ。戦略実行の初年度に、社員の約10%が会社を辞めた。

このように痛みを伴う変革だったが、結果的には吉と出た。新しいパーパスを信じない社員と一緒では、前へ進むことはできなかったからだ。

こうして、同社は前へ進んだ。新たな経営陣を選定し、1500人のR&Dエンジニアを動員し、特許を取得した革新的な再生可能技術を導入し、新しい精製施設の建設に20億ユーロを投じたのである。

この変革はネステに大きな問題も突き付けた。「量」から「価値」の販売へと組織の考え方を変えるにはどうすればよいか――。そのためには、同社のクリーン燃料のほうが長期的には有効であることを、顧客に納得させなければならない。つまりこれは、卸売業者を超えて販売業者、さらにはその顧客と直接やり取りすることを意味した。

新しい経営陣は、各部門がもっと高いレベルで協力することが必須であると気づいた。成約を勝ち取るのは、もはや営業部門だけの責任ではなかった。航空会社やバス会社といった顧客の具体的ニーズを理解するには、製品、マーケティング、財務、税務など、全組織の専門知識が必要になる。

そこでネステは大きな組織再編を実施し、マトリックス体制を構築。その過程でシニアマネジャーの約25％、上級専門職の約50％を新たなポジションに配置転換した。ターゲットやインセンティブ制度は部門横断的なもの、事業の枠内とその枠を越えた両方で能力を築くためのものになった。

そのあらゆる段階で、社員はパーパスを頼りに「なぜ」（持続可能性重視を強める事業環境）、「何」（再生可能ソリューションを顧客に提供するための、ネステの利益率アップをもたらす価値創出プログラム）、そして「どのように」（販売組織から、戦略的顧客に責任を負う専門スタッフを擁する重要顧客管理モデルへの転換）を理解していった。

このプロセスは奏功した。ネステは現在、再生可能エネルギー業界のリーダー的存在であり、世界が同社に注目し始めている。たとえば2015年、グーグルとUPSは二酸化炭素排出量を削減するために同社と協力し始めた。サンフランシスコやオークランドなど、カリフォルニア州のいくつかの都市も同様だ。2018年、『フォーブス』誌は「世界で最も持続可能な企業100社」のランキングで、ネステを第2位に位置付けた。

ソフト面においても3つのメリットがある

パーパスは経営のソフト面、つまり人的な側面にも効果がある。実のところ、この側面をおろそかにすると、リーダーの破滅を招く原因となりかねない。

企業はパーパスを戦略の中心に置くことで、「組織の統合強化」「ステークホルダーの意欲増大」「社会への好影響の拡大」という3つのメリットを実現することが可能となる。

①組織の統合

マース・ペットケア、セキュリタスのように、企業が大規模な変革を目指し、より広いエコシステムへ進出する時、社員にとっては不安が大きい。なぜペットフードの会社が、技術系スタートアップを支えるプラットフォームを開発する必要があるのか。なぜ現場で警備を提供する会社が、いずれ警備員という存在を不要にするかもしれない電子セキュリティサービスを提供したがるのか。パーパスがあれば、社員は「なぜ」を理解し、新しい方向性に賛同しやすくなる。

②ステークホルダーの意欲増大

エデルマン・トラストバロメーターによると、いまは政府や企業、メディア、NGOに対する不信感が広がっている。同時に、特にミレニアル世代をはじめとする社員が、これまでにないほど、より高尚な理念に寄与すると信じられる組織で働きたがっている。そして、顧客やサプライヤーなどのステークホルダーは、高い目標を力強く掲げている企業を信用しやすく、その企業と関わろうという動機も働きやすい。

③影響の拡大

戦略とは、次のような基本的問いかけをすることでもある。我々はなぜこのビジネスをしているのか。どんな価値を生み出せるか。ポートフォリオ全体の中で、自部門はどんな役割を果たしているか。

パーパスはそうした問いに答え、各部門が組織や社会全体にどう貢献するかを規定するための基礎を築く。このようにして全体的な目標に重点指向すれば、現在および将来にわたって成長率や収益性を高めるチャンスがさらに広がる。

＊　＊　＊

筆者らが推奨するパーパスへのアプローチ法は、一度限りの取り組みではない。リーダーは

図9-1 | パーパスが戦略の中心になっているか

以下の5つの質問すべての答えがイエスでなければならない。

		YES	NO
1	パーパスは、会社の成長率や収益性の向上に現時点で貢献しているか。	□	□
2	パーパスは、戦略的決定や投資の選択に大きな影響を及ぼしているか。	□	□
3	パーパスは、会社の中核となる提供価値を方向付けているか。	□	□
4	パーパスは、組織能力の構築や管理の仕方に影響を与えているか。	□	□
5	パーパスは、たえず経営陣の重要な課題になっているか。	□	□

どうすればパーパスが戦略の指針となりえるかをたえず評価し（図9－1「パーパスが戦略の中心となっているか」を参照）、状況の変化に応じてこの関係を調整または再定義しなければならない。

それには、いままでとは違う持続的な集中力が必要になるが、そこからもたらされるメリットは計り知れない。

第10章

パーパスを実践する組織

ノースウェスタン大学 ケロッグスクール・オブ・マネジメント 教授
サリー・ブラント
Strategy& グローバルマネージングディレクター
ポール・レインワンド

"Why Are We Here?"
Harvard Business Review, November - December 2019.
邦訳『DIAMONDハーバード・ビジネス・レビュー』2020年7月号

サリー・ブラント
(Sally Blount)
ノースウェスタン大学ケロッグスクール・オブ・マネジメントのマイケル L. ネンマーズ記念講座教授。専門は戦略論。同大学の元学部長。アボット・ラボラトリーズとアルタ・ビューティの取締役も務める。

ポール・レインワンド
(Paul Leinwand)
PwC の戦略コンサルティング部門 Strategy& で、ケイパビリティに基づく戦略と成長を束ねるグローバルマネージングディレクター。PwC 米国のプリンシパルと、ノースウェスタン大学ケロッグスクール・オブ・マネジメントで戦略論を担当する非常勤教授も兼任。共著に *Strategy That Works: How Winning Companies Close the Strategy-to-Execution Gap*, Harvard Business Review Press, 2016.(邦訳『なぜ良い戦略が利益に結びつかないのか』ダイヤモンド社、2016 年)などがある。

パーパスの危機

この10年間で、「パーパス」が経営の合言葉になった。経営やリーダー論を題材とする新刊書籍のうち、パーパスをタイトルに含むものは2010年以降で400冊を超え、記事に至っては数千件に上る。それも無理はない。組織で働くなら、理性と感情に響く使命や事業理念を掲げる組織で働きたいと思う人は、ミレニアル世代に限らず多いのだ。

とはいっても、パーパスの定義に苦戦する企業は多い。ましてやパーパスを実践するとなれば、至難の業だ。

一般的なパーパス・ステートメントを読んでみるといい。「選ばれる企業になる」とか「株主価値を最大化する」といった、とらえ所のないものばかりだ。そうしたステートメントには、事業を成功へと導く大事な何かが欠落している。実際にどんな事業を展開しているのか、どんな顧客に製品やサービスを提供しているのかがわからないのだ。

ほかにも、崇高ではあるが、具体性に欠ける志を掲げるステートメントもある。たとえば、「従業員の意欲をかき立て、日々、持ち味を最大限発揮してもらう」「パワフルな楽観的思考を広める」といった具合だ。

これらも同じく、「会社が何のために存在しているのか」「顧客にどんな価値を提供しているのか」「その価値が自社にしか提供できないのはなぜか」といった問いには答えていないのである。

抜群の効果を発揮するパーパス・ステートメントは、①戦略目標を余すことなく明確に描き出す、②従業員の意欲をかき立てる、という2つの目的を果たす。この2つは単独でも重要だが、相互に作用する点においても重要だ。すなわち、従業員が組織のパーパスを理解して受け入れると、よい仕事、さらには最高の仕事をしようという気持ちになるだけでなく、打ち出された目標を達成しようと奮い立つのである。

実際のところ、従業員が自社のパーパスを理解していなければ、業務を遂行できるかどうか疑わしい。自社が何を目指しているのか、自分の仕事がその目標達成をどう支えるのかもわからないのに、来る日も来る日も意欲満々で出勤できるだろうか。

その一方、PwCの戦略コンサルティング部門、Strategy&が従業員540人以上を対象に世界各地で実施した最近の調査によると、「自社のパーパスと深い結び付きを感じている」という回答はわずか28%だった。

「自分の生み出している価値が目に見えてわかる」との回答は39%、「担当業務で自分の強みを十二分に発揮できる」は22％、「自社の成功に大きく貢献している」は34％にすぎない。そして、担当業務に対する意欲や情熱や喜びを、「多少でも」感じることはない、という人は半数を超えた。

要するにパーパスの危機であり、従業員は目的を見失っている。方向性が見えなければ、やがてモチベーションが低下する。自社の設定した目標達成に向けて果敢に挑まなければならないチャレンジを前に、従業員は後ずさりするようになる。

幸い、パーパスには人の意欲をかき立てる絶大な力がある。先述の調査では、報酬や昇進といった従来型の動機付けよりも、パーパスのほうが平均で倍以上重要だと考えられていた。いかに価値を生み出すかを明確に定義し、伝達している企業では、意欲にあふれる従業員が63％を占めたのに対し、それ以外の企業では31％に留まった。また、担当業務に情熱を感じている従業員は65％に対して、32％だった。

また、こうしたパーパス・ドリブンの組織はかなりの成果も上げており、Ｓｔｒａｔｅｇｙ＆の調査と分析によれば、90％以上が業界の平均以上に成長し利益を出している。

戦略の明確化と従業員の動機付けをパーパスで実現するには、まず本質的な問いに向き合わなければならない。「そのパーパスは、自社ならではの価値を物語っているか」であり、その問いに対峙したうえで、従業員がパーパスに命を吹き込むことを支援する体制、制度、リソースを整えることが必要になる。

筆者らはコンサルタントであり、教育者、アドバイザー、取締役でもある。仕事上、パーパスをいかに巧みに言語化するかで悩む企業を、多数目にしてきた。そうした企業はたいてい、先述した2つの重要な目的から外れたところでパーパスを定義しようとしているか、どちらか一つだけに照準を絞っている（つまり、従業員の意欲をかき立てようとしているか、社外に向けて戦略を別の言葉で言い換えようとしているかのどちらかだ）。

筆者らはよく、上級幹部に次のように問いかける。「Cスイートの経営幹部から3～5階層下の従業員は、自社ならではの価値を高めるために自社が何をしているか説明できますか」「それが、自分の担当業務とどうつながっているか説明できますか」

筆者らは、業界屈指の実績を上げているプライベートエクイティファンドをいくつか知っているが、そうしたファンドは押しなべて、企業を買収する際、デューディリジェンス（資産査定）の一環として、買収候補のオフィスの通路や作業現場でこうした質問を投げかけている。不明瞭なパーパスが甚大な影響を及ぼすことは、これらのファンドや筆者自身の経験でも明らかだ。

以下では、余すことなく明確に表現されたパーパスに必要なポイントを探ったうえで、パーパスを実践するために必要なアクションを紹介する。

パーパスとは顧客に対する約束である

理想的な世界では、組織という組織が、顧客にしっかりと根差したパーパスを策定・発信し、実践する。立ち上がった企業がスタートアップの段階を超えて生き残るのは、自社ならではのやり方で何らかの顧客ニーズを満たしている場合だ。活きいきしたパーパスを維持し、それが従業員の業務と結び付いていれば、企業は実績を残し、成長していく。

しかし、従業員のためにパーパスを定義する際、多くの企業が陥る罠が一つある。それは、何通りもの「ステートメント」を発信してしまうことだ（囲み「ステートメント策定に関する議論」を参照）。

筆者らの意見では、ステートメントは少なければ少ないほどいい。リーダーは企業の存在意義（誰に対して、どんな価値を生み出すか）を定義し、従業員が勤務時間中に目にしやすく、すぐに理解して判断基準にできるような形で明確に発信しなければならない。

自社の存在意義をパーパスに効果的に落とし込めているかどうかを評価する際には、以下を自問するとよい。

・自社のパーパス・ステートメントは、自社製品・サービスを購入してくれる顧客やユーザーにとって有意義か。自社が大なり小なり向上させようとしているのは、誰の生活やビジネスかが明確になっているか。

・自社のパーパスは自社ならではのものか。自社が撤退したとすれば、市場にはどんな穴が開くか。

・自社は、このパーパスを掲げるにふさわしい企業か。そのパーパスで成果を上げるケイパビリティが自社にあるか、もしくは構築できるか。競合他社よりも、効果的で効率的にパーパスを遂行できるか。

こうした質問に向き合ってパーパス・ステートメントを作成し、成功に拍車をかけた企業の例を紹介しよう。

家具の製造・小売りで世界最大のイケアは、自社が提供する価値を明文化している。すなわち、一握りの富裕層だけでなく、「より快適な毎日を、より多くの方々に提供する」ことを約束している。そのために、「優れたデザインと機能性を兼ね備えたホームファニシング製品を幅広く取り揃え、より多くの方々にご購入いただけるよう、できる限り手頃な価格で提供する」と謳っている。

同社はその約束を果たすために、消費者の生活様式を深く理解する力を磨き、それを製品に落とし込んで魅力的な家具をデザインし、平板な箱詰め状態で出荷・販売する。さらに、同社が採用している生産体制やサプライチェーンは効率性が極めて高く、規模を柔軟に拡大できるようになっている。

イケアには、ずっと以前から明確なパーパスがあった。創業者のイングバル・カンプラードが家具事業を立ち上げたのは、家具を買おうにもお金がなく、自分でつくるか譲り受けるしかなかった人たちに尽くすためだと明言していた。

その言葉に嘘はなかった。イケアが創業してから間もなく、競合企業が同社の低価格に狼狽し、複数のサプライヤーに同社との取引をボイコットさせた時でさえ、カンプラードは約束を守った。販売価格を引き上げるのではなく、必要なケイパビリティを育成してデザインを内製化したほか、東欧諸国に製造を委託するようになったのだ。

歯科医師などの医療従事者向け製品やサービスを世界的に提供するヘンリーシャインにも、明確なパーパスがある。「革新的かつ統合されたヘルスケア製品やサービスを提供し、顧客に信頼されるアドバイザーやコンサルタントになることによって、顧客が最上質の診療を提供し、経営効率と収益性を高められるように支援する」というものだ。

そのために同社は、「信頼と信用に深く根差した関係」の構築に力を入れる。顧客に製品やソリューションを提供するだけに留まらず、その一歩先に踏み込むことを明確に選び取り、価値ある独自のポジションを切り開こうとしているのだ。

つまり、大型機器の提供・整備能力を競合他社に匹敵する水準に引き上げるだけでなく、顧客の業務改善を支援する診療管理ソフトウェアやデジタル技術にまで事業範囲を広げている。しかも同社は営業員のトレーニングも行い、機器購入の資金繰りや広告宣伝ツール、コンプライアンスなどで医療従事者を啓発し、助言できるようにしている。

一方、世界最大の玩具メーカー、レゴはただ玩具を販売しているだけではない。「遊びと学習を通して、子どものクリエイティビティの育成」を目指している。無数の組み合わせが可能な魅力的なブロックを設計しているのは、この約束を果たすためだ。

さらに、あらゆる年代の熱心なファンが参加できるコミュニティを、オンラインとオフラインで育成していることも重要である。こうしたコミュニティの目的は、継続的な対話、学習、クリエイティビティの発揮、イノベーションの促進である。

同社がそのために採用しているプログラムには、たとえば、アンバサダー・ネットワーク(大人のファンを対象とした、コミュニケーションとサポート提供のプラットフォーム)や、レゴ・アイデアズ(ユーザーがレゴの新商品を提案するウェブサイト)、ユーザーのレゴ作品を一覧できるギャラリー、レゴ・ライフ(子ども向けのソーシャルメディアネットワーク)などがある。

この20年間で、レゴのユーザーグループは確認できているだけで11から328に急増し、アクティブユーザーは合計数十万人に上っている。ユーザーが投稿したレゴ作品の写真やイラスト、作成方法は45万件を超える。これらのファン活動は、誰でも自由に利用できるアイデアの宝庫であり、レゴがパーパスを実践するうえで不可欠な要素になっている。

パーパスを実践する組織を構築する

言うまでもないが、パーパスを余すことなく明確に表現することは第一歩にすぎない。組織でパーパスを実践できなければ、いくら素晴らしいパーパス・ステートメントを策定しても役に立たないばかりか、仇になることすらある。

従業員が強力なパーパス・ステートメントを目にしても、組織の壁に直面すると、打ち出された優先業務を実行できない。そうなれば従業員はいら立ち、シニカルになって意欲が減退する。いずれは、顧客も気づくことになるだろう。

パーパスの実践を確かなものにするには、次のことが必要である。

適材を引き付ける

自組織の目標を達成し、目覚ましい競争力を得るには、適材適所を実現しなければならない。現在の人材開発モデルでは、社内の全部署で優れた人材を育成しようとすることが多い。はっきり言って、それは現実的ではない。人材獲得競争のただ中で、企業は取捨選択する必要がある。社内の隅々にまで、最高の人材を揃える余裕などないはずだ。たとえあったとしても、自社のパーパスに馴染まないスキルの人材を引き寄せるのも、つなぎ留めるのも一苦労だろう。それに、そうした人材は入社しても、職場環境や用意されているキャリアの選択肢に意欲を燃やすことはない。

自組織がパーパスを果たすために磨かなければならないケイパビリティを厳選するとすれば、どんなものがあるだろうか。そこに含まれている極めて具体的なスキルに基づいて、最高の人材が必要となる部署を決めるべきだ。幅広い職能に精通するゼネラリストが、パーパスに重要な専門能力を発揮してくれるだろうと当てにするような真似はしないことだ。また、社内で使用する重要なテクノロジーも考慮しなければならない。従業員は情報システムや業務システムに馴染む必要がある。それほど重要ではない職務や、通年の業務維持が自社に必要ない職務では、社内で人材を揃えるよりも、社外の優れた契約企業を活用するほうが得策かもしれない。

アップルを例に挙げよう。同社が脚光を浴びたのは、先進的でユーザーフレンドリーなデザインで他社と一線を画したからだ。そのために、元CEOのスティーブ・ジョブズはデザインチーム全体の地位を引き上げた。優れた人材を集めて、電子機器やソフトウェアのユーザーインターフェース、店舗体験など、幅広い製品やサービスを形にした。さらに、最高デザイン責任者の職位を設けて、経営陣の一員に迎えた。テクノロジー企業としては、極めて異例の措置だ。そうすることによって、デザインチームの業務が生み出す価値と、社内の各部署との密接な結び付きを全従業員に強く印象付けたのだ。

アップルが世界屈指のプロダクトデザイナーだけでなく、ファッション業界や小売業界のトップデザイナーをも引き寄せ、つなぎ留めることができたのは、自社のパーパスを実践するためにデザインが不可欠だと見抜き、周囲に知らしめたジョブズの功績である。

壁を越え、意図的に力を合わせる

的確なスキルを備えた適材を確保したら、今度は自社のパーパスに必要なことをすべて、従業員が成し遂げることができるように組織を編成しなければならない。売上拡大、コスト削減、新製品開発に向けたイノベーションの推進など、重要な取り組みで何を目指すにせよ、あらゆる部署の知識やアクションが必要になることはほぼ間違いない。そこで、職能ごとの壁であろうが、地域ごと、顧客ごとの壁であろうが、縦割り組織の打破が必要になる。

難しい問題に関して、組織最高の頭脳や専門能力を集約するために最もよく利用される「人間工学」は組織横断型チームである。しかし、そうしたチームを立ち上げても、実績を残せるのはせいぜいほんの一握りだ。メンバーが十分に時間をかけて取り組まなかったり、必要な財源や上級幹部の目配りを得られなかったりして、成果を上げられないケースが圧倒的に多い。

そうした落とし穴を避けるには、2つ方法がある。1つ目は、組織横断型チームが手腕を発揮できる仕組みに改善すること。つまり、メンバーが本来所属する「ホーム」の部署で担当する業務を多少減らす。同時に、チームの成果物に対する責任を上級幹部に負わせ、チームを成功に導くことを幹部の実績として評価するのである。2つ目の方法は組織体系を変え、さまざまな職能部門のスキルを持つ人材を集めて、常設の組織横断型部門を設けることだ。イノベーション開発チームでは、R&Dやエンジニアリング、マーケティング、財務の人材を集める場合が多い。

この点でも、イケアが参考になる。多くの企業では、製品デザインの担当者はコスト管理に直接関わらない。製品を開発したら、その製品デザインをサプライチェーンや財務部門(もしくはその両方）に伝えてコストを試算してもらう。その後、マーケティングまたは営業部門に依頼して、価格を設定する。その過程では、デザインの前提条件を繰り返し見直すのが常だ。

ところが、イケアでは違う。デザイン、財務、製造、さらにサプライチェーンの関係者が幅広く協力して、最初からコストを最適化しながら製品を開発する。たとえば、デザイナーはたえずパッケージを検討して使用する資材を削り、コンテナに収まる製品数を最大化するとともに、顧客が持ち帰りやすいように重量や大きさにも配慮する。こうして組織横断型チームが一体となって取り組んでいるため、イケアはデザイン面の優れたケイパビリティと高いコスト競争力を同時に実現できる。いずれも差別化を図り、パーパスをやり遂げるうえで重要な要素である。

パーパスに投資する

最重要と位置付けられた業務に携わっていながら、時間や目配り、資金が十分に得られないことほど、従業員がやる気を失うことはない。自社のパーパスにとって最も重要な領域で目指すべきは、職能部門を強化することでもなければ、人材配置や市場投入額といった社外の市場ベンチマークを達成することでもない。パーパスで約束した価値を提供するために、競合以上に投資することだ。その他の領域では、支出を削ればいい。

適切な人材を確保するために難しい判断が求められるのと同じく、パーパスのために予算を策定する際にも、配分という厳しい決断が必要になる。自社のパーパスに必要なケイパビリティに重点的に投資しなければ、パーパス・ステートメントは、経済学者が言うところの「チープトーク」(ゲーム理論において、利得に影響しないプレーヤー間のコミュニケーションの意味)になってしまう。

メキシコに拠点を置き、セメントなどの建材を手がけるセメックスは、建設プロジェクトの最初から最後まで一貫して、顧客の中核パートナーとして働くことを目標に据えている。最適な用地の選定から許認可の取得、大型建設プロジェクトの管理まで、あらゆる業務に対する支援と助言の提供を目指しているのだ。そのために営業部門に重点的に投資し、顧客である地方公共団体の上級幹部との緊密な関係構築を営業部員に課している。

同時に、それまでとは異なる人材を幹部に登用し、地域のリーダーとの接触に当たらせた。これにより、建設期間中に入手した情報を各部署と共有し、十分に差別化したソリューションを顧客に提供できるようになった。

一方で、そうした投資資金を確保するために業務効率の向上に力を入れ、都市廃棄物といった代替エネルギーの利用など、コスト削減策を全社的に推進した。

リーダーが身をもってパーパスを実践する

優れたリーダーは従業員に優先事項を伝えたり、従業員や顧客と接する姿を周囲に見せたりなど、日々の発言や行動を通じて自組織のパーパスを実践する。

科学技術のイノベーションを世界的に推進するダナハーを例に取り上げよう。同社はテクノロジーを開発することで、顧客が抱える極めて難しい課題を解決すると約束している。その約束を果たすため、同社は「ダナハー・ビジネスシステム」に基づき、製品や社内部門間の境界を越えて継続的な改善を推進している。同社の最高幹部20人が定期的に集まって、効果的なツールや技法について話し合い、お互いから最大限学び合っているのだ。

元CEOのラリー・カルプが半年に一度実施していたカイゼン活動では、CEOが直属の部下とともに1週間、業績不振の工場に集中的に取り組んだ。上級幹部全員は定期的に、それぞれが熟知している業務手法やツールについて説明している。それも、自分の直属ではない部門に教えることが多い。リーダーがわざわざ時間を取って担当部門以外のチームに手を差し伸べる姿は、強力なメッセージとなる。

リーダーがパーパスを実践するために下した難しい決断をやり遂げるかどうか、従業員は興味津々で見守っている。ちょうど2013年に家電部門を売却したフィリップスや、最近になって眼科部門のアルコンを分離・上場したノバルティスのように、自社の存在意義にそぐわない事業を切り離すだろうかと、注目しているのだ。

レゴの元CEO、ヨアン・ヴィー・クヌッドストープは2014年にインタビューで、数年前に直面していた難局に触れ、同社が「道に迷い、自己認識を誤っていた」ことを認めている。さらに、どうやって原点に戻ったかも説明した。

まずは、「何のために存在しているのかという根源的な問い」に向き合い、「自社ならではの優位性がある分野でのみ事業を展開する」方向に舵を切ったという。玩具業界で再起を図るため、同社は大規模な事業再生プログラムに乗り出し、核となるパーパスにそぐわない事業を売却したり、打ち切ったりした。その一環で、4つのテーマパークとテレビゲーム開発部門を売却した。

＊　＊　＊

パーパスについてもう一度考え直せば、戦略的な明快さと従業員の動機付けという相互作用に計り知れないメリットが得られる。

経営陣にパーパス再考の責任を負わせるうえで、取締役会が果たすべき役割はますます重要になっている。それどころか、CEOの平均在職期間がわずか5年前後に留まる中、取締役の任期はＣＥＯ以上に長い。受託者責任の一環として、取締役会は自社のパーパスや、パーパスを実践する力にも目を光らせるべきだとの見方もあるくらいだ。

経営陣には、以下をはじめとする厳しい質問を投げかけるべきだろう。

・自社と競合他社のパーパス・ステートメントを並べた場合、従業員は自社のステートメントがわかるだろうか。
・従業員にアンケート調査をすると、自社のパーパスを答えられる者はどのくらいいるか。
・顧客に対する約束を果たすために必要なリソースが従業員に配分されているか。

こうした問いは直感で十分に答えられるものだが、多くの上級幹部はしっかり向き合っていないことが経験上明らかになっている。その理由は、パーパスが戦略的プランニングで果たす重要性を十分に理解していないか、目先の業績しか見えていないか、あるいはこうした問いに正面から向き合うと、自社の本質的な弱さが露呈してしまうからだ。

したがって、経営陣が常に自社の存在意義に注目しているように、取締役会が中心になって働きかけていかなければならない。

『ＤＩＡＭＯＮＤハーバード・ビジネス・レビュー』２０１７年12月号の「健全な資本主義の

ための、コーポレートガバナンス」(注1)でジョセフ・L・バウアーとリン・S・ペインは、「企業経営者は株主の利益ではなく、自社の健全性を第一に考えるべきだ」と論じている。

筆者らがお勧めしたいのは、自社が製品やサービスを提供する相手は誰か、そうした顧客に自社ならではの価値をどのように提供するのかをしっかり理解し、その理解を拠り所として、自社の長期的な健全性を築くことだ。

そのパーパスの定義、発信、実現は、リーダーに課せられた責任であり、取締役がわざわざ監督するだけの価値ある仕事だ。それは、米国の経済者団体ビジネス・ラウンドテーブルが新たに打ち出した「企業の目的に関する声明」でも明確に謳われている。

スローガンや外発的動機付けでいくら従業員の意欲をかき立てても、従業員が毎日仕事に向かう意味を把握していなければ、卓越した業績は上げられない。自社は誰のためにどんな価値を生み出すのかを明確にすれば、それだけ従業員を鼓舞する力が高まる。そして、適切な人材、オペレーティングモデル、財源をパーパス支援に向ければ、従業員がパーパスをやり遂げる能力が高まる。

パーパスはモチベーションのカギであり、意欲的な従業員はパーパスを具現化するカギを握る。この相乗作用をうまく利用すれば、企業は発展していけるだろう。

ステートメント策定に関する議論

社内では、パーパス・ステートメントがミッションやビジョンなどのステートメントとどう違うのかについて、意見が分かれるかもしれない。さまざまな企業のウェブサイトを調べても、どのステートメントを採用しているのか、どういう意味で使っているのか、ほとんど統一されていないことに気づくだろう。

定義にまとまりがないと、効果的なパーパス・ステートメントの策定がますます難しくなってしまう。パーパスを明文化しようと始めた議論が意味論に終始したり、ばらばらのステートメントをいくつも策定したりといったことがあまりに多い。何と銘打つべきか、何種類のステートメントを策定すべきか、といったことを際限なく話し合うよりも、従業員や顧客、投資家に対して以下の3つを明確にすべきだ。

①何のために存在しているか

まずこの質問から始めよう。この問いは要するに、「我々は、誰のニーズを満たすために存在しているのか」「自社独自の方法でそのニーズを満たすには、どうすればよいか」というシンプルなものだ。企業の場合には、「顧客にどんな価値を提供すれば、代金を支払う気になってもらえるのか」であり、非営利団体の場合には、「どんな社会的価値を提供すれば、寄付金または補助金、もしくはその両方を受け取れるのか」という質問である。

②どのようにビジネスを行い、どんな理念に基づいて意思決定を下しているか

パーパス・ステートメントで特定されていなくとも、中核的なステークホルダー全員を考慮することが重要だ。たとえば、事業拠点周辺のコミュニティや規制当局、サプライヤーなどが代表的なところだろう。こうしたステークホルダーを考慮に入れると、従業員を導くべき価値観とはどんなものだろうか。日々、事業を展開する中で、どんな職場環境、顧客体験、対人関係をつくり出そうとしているのか。さらに、それらがパーパスにどう結び付き、パーパスの実現にどう役立つのかを従業員にどのように理解してもらうのか。

③何年後かに目指したい場所はどこか

いまひたむきに仕事をして、ゆくゆくは何を生み出そうとしているのか。規模や影響力を拡大し続けるため、優れたリーダーは何を目指すかを明確にし、そこに照準を合わせる。筆者らの経験に照らせば、一流の企業は将来の業績目標、目標達成の時期、評価の尺度を明確に設定している。

【注】

（1）原文はJoseph L. Bower and Lynn S. Paine, "The Error at the Heart of Corporate Leadership," HBR, May-June 2017.

『Harvard Business Review』（HBR）とは

ハーバード・ビジネス・スクールの教育理念に基づいて、1922年、同校の機関誌として創刊され、エグゼクティブに愛読されてきたマネジメント誌。また、日本などアジア圏、ドイツなど欧州圏、中東、南米などでローカルに展開、世界中のビジネスリーダーやプロフェッショナルに愛読されている。

『DIAMONDハーバード・ビジネス・レビュー』（DHBR）とは

HBR誌の日本語版として、アメリカ以外では世界で最も早く、1976年に創刊。「社会を変えようとする意志を持ったリーダーのための雑誌」として、毎号HBR論文と日本オリジナルの記事を組み合わせ、時宜に合ったテーマを特集として掲載。多くの経営者やコンサルタント、若手リーダー層から支持され、また企業の管理職研修や企業内大学、ビジネススクールの教材としても利用されている。

PURPOSE パーパス
――会社は何のために存在するのか あなたはなぜそこで働くのか

2021年10月5日　第1刷発行
2023年2月17日　第4刷発行

編訳者――DIAMONDハーバード・ビジネス・レビュー編集部
発行所――ダイヤモンド社
〒150-8409　東京都渋谷区神宮前6-12-17
https://www.diamond.co.jp/
電話／03·5778·7228（編集）　03·5778·7240（販売）
装丁・本文デザイン――デザインワークショップJIN（遠藤陽一）
製作進行――ダイヤモンド・グラフィック社
印刷――信毎書籍印刷（本文）・新藤慶昌堂（カバー）
製本――本間製本
編集担当――前澤ひろみ

©2021 DIAMOND, Inc.
ISBN 978-4-478-11467-4
落丁・乱丁本はお手数ですが小社営業局宛にお送りください。送料小社負担にてお取替えいたします。但し、古書店で購入されたものについてはお取替えできません。
無断転載・複製を禁ず
Printed in Japan

Harvard Business Review

DIAMOND ハーバード・ビジネス・レビュー

［世界50カ国以上の
ビジネス・リーダーが
読んでいる］

世界最高峰のビジネススクール、ハーバード・ビジネス・スクールが
発行する『Harvard Business Review』と全面提携。
「最新の経営戦略」や「実践的なケーススタディ」など
グローバル時代の知識と知恵を提供する総合マネジメント誌です

毎月10日発売

バックナンバー・予約購読等の詳しい情報は

https://dhbr.diamond.jp

本誌ならではの豪華執筆陣
最新論考がいち早く読める

◎マネジャー必読の大家

“競争戦略”から“CSV”へ
マイケル E. ポーター

“イノベーションのジレンマ”の
クレイトン M. クリステンセン

“ブルー・オーシャン戦略”の
W. チャン・キム＋レネ・モボルニュ

“リーダーシップ論”の
ジョン P. コッター

“コア・コンピタンス経営”の
ゲイリー・ハメル

“戦略的マーケティング”の
フィリップ・コトラー

“マーケティングの父”
セオドア・レビット

“プロフェッショナル・マネジャー”の行動原理
ピーター F. ドラッカー

◎いま注目される論者

“リバース・イノベーション”の
ビジャイ・ゴビンダラジャン

“ライフ・シフト”の
リンダ・グラットン

日本独自のコンテンツも注目！